Hans Peter Thiel / Marcus Würmli
dtv junior Ferienbuch Italien

Die Autoren:

Thiel & Würmli stellen mit den ›dtv junior Ferienbüchern‹ ihre ersten gemeinsamen Bände vor. Jeder für sich hat schon viele erfolgreiche Bücher geschrieben.
Hans Peter Thiel, 1939 in Würzburg geboren, war Journalist und Schulbuchredakteur, bevor er mit der ›Erklär-mir-Reihe‹ zu einem der erfolgreichsten Sachbuchautoren für Kinder wurde. Er lebt in München.
Marcus Würmli, geboren 1948 in Basel, ist Doktor der Zoologie, Verfasser zahlreicher Naturbücher, Schulbuchautor und Herausgeber des beliebten und bekannten Jahrbuchs ›Das Neue Universum‹ und lebt am Starnberger See.

Die Illustratoren:

Ilse und Rudolf Ross studierten an der Meisterschule für Grafik und Buchgewerbe in Berlin. Beide leiteten später Werbeateliers. 1962 zogen sie nach München und machten sich 1965 selbständig. Seitdem illustrierte das Ehepaar zahlreiche Kinder- und Schulbücher sowie Sachbücher. Die Darstellung des Figürlichen durch Ilse und des Technischen durch Rudolf Ross ergänzen sich harmonisch und decken einen weiten Themenbereich ab.

Von Hans Peter Thiel und Marcus Würmli ist außerdem bei dtv junior erschienen:
dtv junior Ferienbuch Österreich, Band 7951

Originalausgabe
März 1984

Umschlaggestaltung: Irmgard Voigt unter Verwendung von Zeichnungen von Ilse und Rudolf Ross sowie eines Fotos von E. N. I. T.
Gesetzt aus der Helvetica 9/11'
Gesamtherstellung: Kösel, Kempten
Printed in Germany · ISBN 3-423-07950-9

Hans Peter Thiel
Marcus Würmli

dtv junior Ferienbuch

# Italien

Mit Bildern von Ilse und Rudolf Ross

Deutscher
Taschenbuch
Verlag

dtv

# Das schöne Italien
## *La bella Italia*

Hurra, wir fahren nach Italien! Da denkt jeder gleich an Badeferien, an herrliche Strände und ewig blauen Himmel. Die meisten kommen in dieses Land, um im Mittelmeer zu baden. Italien hat über 8500 Kilometer Küste, kein Ort ist weiter als 200 Kilometer vom Meer entfernt.

Aus der Luft sieht Italien wie ein Stiefel aus. Dieser ist an drei Seiten vom Meer umspült. Oben, wo man in den Stiefel hineinschlüpft, liegen die schneebedeckten Alpen. Unten, an der Stiefelspitze, spürt man schon die Nähe des heißen Afrika. An der Spitze des Stiefels befindet sich auch die Insel Sizilien mit dem Ätna. Das ist der berühmteste italienische Vulkan neben dem Vesuv. Die zweitgrößte italienische Insel, Sardinien, liegt mitten im Mittelmeer. Über den etwa 1100 Kilometer langen Schaft des Stiefels zieht sich der Apennin. Dieses rauhe Gebirge ist im »Gran Sasso« fast 3000 Meter hoch. Dort gibt es im Nationalpark noch Bären und Wölfe.

### Das Museum Europas

Wer die Badestrände verläßt und ins Landesinnere fährt, stößt schon bald auf die alten Römer: Überall begegnet er Überresten aus der Zeit von vor 2000 Jahren: riesigen Amphitheatern, in denen die Römer ihre Zirkusspiele veranstalteten; Triumphbögen, durch die siegreiche Kaiser mit ihren Legionen marschierten; Pflasterstraßen, die wie alle Wege nach Rom führen. Doch es

*In der römischen Arena von Verona werden heute große Opern im Freien aufgeführt.*

gibt noch ältere Zeugen der Vergangenheit: Tempelruinen der Griechen und Gräber der Etrusker, die Italien vor den Römern besiedelt hatten. Italien ist ein einziges Museum: Nirgendwo findet man mehr Kirchen und Paläste, nirgends mehr berühmte Gemälde und Statuen. Sogar Dorfkirchen haben oft ein Altarbild oder eine Heiligenfigur eines bedeutenden Künstlers.

**Oben und unten**

Die meisten großen Städte liegen oben im Norden, die meisten Dörfer unten im Süden. Im Norden gibt es Fabriken, Handel und Industrie. Im Süden dagegen leben die Menschen vorwiegend von der Landwirtschaft, vom Fischfang und den *turisti,* den Fremden. Im Norden sind die Leute eher wohlhabend, im Süden eher arm. Das ganze Land ist etwa um ein Fünftel größer als die Bundesrepublik Deutschland und hat 57 Millionen Einwohner. Weitere 30 Millionen Italiener sind über die ganze Welt verstreut. Sie haben ihre Heimat verlassen, weil sie zu Hause meist keine Arbeit finden konnten. Aber sie kehren immer wieder zurück, und sei es nur an Weihnachten oder Ostern. Dann versammeln sie sich vielleicht mit vielen Tausenden von Menschen auf dem Platz vor dem Petersdom in Rom. Dort spendet der Papst allen seinen Segen »urbi et orbi«, der Stadt und dem ganzen Erdkreis. Italien ist zwar nicht mehr der Nabel der Welt wie zu Zeiten der Römer, aber es bleibt immer der Mittelpunkt der katholischen Christenheit.

*Sonne, Sand und Schiffe sind für die Italiener an der Küste etwas Alltägliches. Den Feriengästen macht es Spaß, den Fischern zu helfen. Für die beiden italienischen Kinder ist das meist eine lästige Pflicht.*

*Die Via Appia stammt aus römischer Zeit. Diese alte Straße führte einst von Brindisi nach Rom. Heute sind nur noch Teile davon erhalten.*

# 5 Minuten Italienisch
## *5 minuti di lingua italiana*

Buon dschorno sinjore ... so würde ein Deutscher den üblichen italienischen Morgengruß »Guten Tag, mein Herr« schreiben. Im Italienischen steht aber: *buon giorno signore.* Die Italiener sprechen die Wörter anders aus, als sie sie schreiben. Dafür gibt es ein paar Regeln. Wenn du sie befolgst, kann auch ein Italiener dein Italienisch verstehen. Versuche die italienischen Wörter und Ausdrücke in diesem Buch richtig auszusprechen. Wo die Aussprache vom Deutschen stark abweicht, wird sie in Klammern angegeben, zum Beispiel »buon giorno« (: buon dschorno). Auf der Tabelle unten sind die wichtigsten Ausspracheregeln zusammengestellt. Wenn du sie auswendig kannst, bist du Spitze.

Einzahl und Mehrzahl werden im Italienischen auf recht einfache Weise gebildet. Man ändert nur die Endungen:

Aus –a wird –e:

| | |
|---|---|
| *una casa* | ein Haus |
| *due case* | zwei Häuser |

Aus –o wird –i:

| | |
|---|---|
| *un cavallo* | ein Pferd |
| *tre cavalli* | drei Pferde |

Aus –e wird –i:

| | |
|---|---|
| *un ristorante* | ein Restaurant |
| *quattro ristoranti* | vier Restaurants |

**Auf das Ende kommt es an**

Die Endungen spielen auch beim Geschlecht eines Wortes eine Rolle. Im Italienischen gibt es keine sächlichen Wörter. Ob ein Wort männlich oder weiblich ist, kann man oft nicht sofort erkennen.

| Schrift | Aussprache | Beispiel |
|---|---|---|
| c *vor* e, i | tsch | *cena* (:tschena) das Abendessen |
| c *vor* a, o, u | k | *casa* (:kasa) das Haus |
| ci *vor* a, o, u | tsch (nicht tschi) | *micio* (:mitscho) die Katze |
| ch | k | *chiesa* (:kiesa) die Kirche |
| cch | k | *zucchero* (:zukero) der Zucker |
| g *oder* gg *vor* e, i | dsch | *gelato* (:dschelato) das Eis |
| gl | lj | *biglietto* (:biljetto) die Fahrkarte |
| gn | nj | *bagno* (:banjo) das Bad |
| qu | ku | *quadro* (:kuadro) das Bild |
| sc *vor* e, i | sch | *sciarpa* (:scharpa) das Halstuch |
| sc *vor* a, o, u | sk | *scarpa* (:skarpa) der Schuh |
| sch *vor* e, i | sk | *scherzo* (:skerzo) der Scherz |
| v | w | *vespa* (:wespa) die Wespe |

Erklärungen zu den Sprechblasen findest du auf S. 94.

Mit wenigen Ausnahmen gilt:

Wörter auf –o sind immer männlich, zum Beispiel *treno,* der Zug.

Wörter auf –a sind immer weiblich, zum Beispiel *signora,* die Frau.

Wörter auf –e können männlich oder weiblich sein,
zum Beispiel *signore,* der Herr, oder *madre,* die Mutter.

Das Meer heißt auf italienisch *mare,* »der« Meer. »Das« Kind gibt es nicht. Es heißt entweder *bambino,* »der« Kind, wenn es ein Junge ist, oder *bambina*, »die« Kind, wenn es ein Mädchen ist. Du siehst also, daß es sehr auf die Endungen ankommt. Höre deshalb besonders gut zu.
Natürlich kannst du mit diesen paar Grundregeln noch kein Italienisch. Aber versuche immer wieder Sätze in dieser fremden Sprache – auch wenn du am Anfang viel falsch machst.

**Was du am Anfang auf italienisch können solltest, um dich zurechtzufinden:**

| | |
|---|---|
| sempre diritto | immer geradeaus |
| a sinistra | nach links |
| a destra | nach rechts |
| in alto / di sopra | oben |
| in basso / di sotto | unten |
| direzione opposta | die andere Richtung |
| dove? | wo? |
| Dov' è la stazione? | Wo ist der Bahnhof? |
| La stazione è qui. | Der Bahnhof ist hier. |

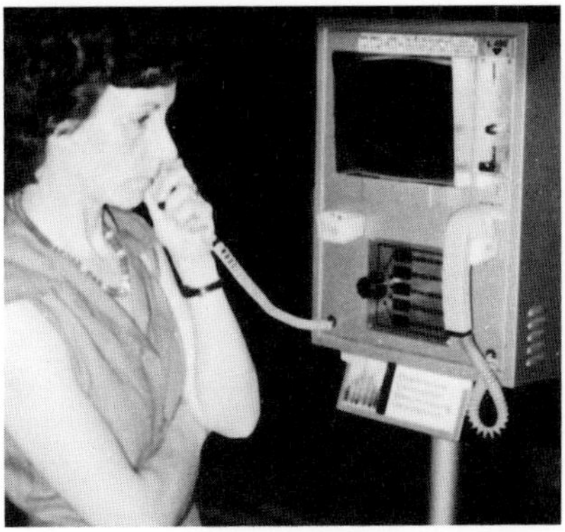

*In Kirchen und Museen gibt es Automaten, die in vielen Sprachen alles erklären.*

# Die Italiener
*Gli Italiani*

## Die Nonna

*»Piove, piove,*
*la gatta non si muove...«*
»Es regnet, es regnet,
die Katze geht nicht aus...«

So beginnt einer der zahlreichen Reime, die italienische Kinder von ihrer *nonna,* ihrer Großmutter, lernen. Die Nonna ist der Mittelpunkt in jeder Familie. Wer durch italienische Dörfer fährt, erkennt die Großmütter sofort: Sie sind nach alter Sitte schwarz gekleidet, sitzen vor den Häusern in der Sonne, stricken und passen auf die kleinen Kinder, die *bambini,* auf. Dabei unterhalten sie sich mit den Großmüttern auf der anderen Straßenseite, wobei es sehr laut zugeht.

## Der Carabiniere

*»Carabinieri – caccabicchieri!«* (:karabinjeri – kakkabikjeri) schreien italienische Kinder hinter den eleganten, schwarz gekleideten Polizisten her. Das ist sehr frech, denn es bedeutet: »Die Polizisten – machen in die Kisten!« Die Carabinieri sind die Militärpolizei. Ihren Namen haben sie vom Karabiner, einem Gewehr mit kurzem Lauf, das früher zu ihrer Ausrüstung gehörte. Vor wichtigen Gebäuden halten sie oft in Paradeuniform Wache: mit weitem schwarzen Umhang, großem Säbel und Federbusch am Hut. Zwei andere Polizeitruppen sind: die städtischen *vigili urbani* (:widschili) und die *polizia stradale.*

**Der Gondoliere**

*»Gondola, gondola?«* rufen in Venedig die Gondelführer, um Fahrgäste anzulocken. Die schmalen schwarzen Boote sind die Taxis dieser Stadt. Auf dem »Canal Grande«, dem »Großen Kanal«, kann man auch mit dem billigeren Motorboot fahren. Wer aber die vielen Seitenkanäle kennenlernen will, mietet besser eine Gondel.
Die *gondolieri* erkennt man schon von weitem an ihren Strohhüten mit den roten Bändern; dazu tragen sie meist gestreifte Hemden und schwarze Hosen. Ihre Fahrzeuge bewegen sie mit ungeheurer Geschicklichkeit durch die engen Kanäle. Obwohl das lange Ruder nur rechts ins Wasser getaucht wird, fahren die Boote stets geradeaus.

**Die Handwerker**

Du kannst in Italien noch Scherenschleifern, Schirmflickern oder Korbflechtern bei der Arbeit zuschauen. Sie ziehen meist von Haus zu Haus und bieten ihre Dienste an. Ein Korbflechter repariert auch die Sitzflächen von Stühlen, die ihm die Leute auf die Straße bringen. Dazu setzt er sich vors Haus, packt sein Handwerkszeug aus und beginnt zu arbeiten. Die umherziehenden Handwerker verdienen nicht viel und sind froh über jeden Auftrag. Auch in den Städten gibt es noch viele Handwerksberufe, die anderswo längst ausgestorben sind, zum Beispiel Seiler, Wachszieher, Faßmacher, Taschner und andere.

## Die Kinder

Kinder dürfen in Italien – fast – alles! Kein Polizist regt sich auf, wenn sie auf so halsbrecherische Weise radfahren. Natürlich ist das verboten. Aber die Italiener haben Kinder sehr gern, und niemanden stört es, wenn sie Unfug oder Krach machen. Sie werden auch nicht so streng erzogen wie bei uns und nicht immer gleich bestraft. In der Familie gelten sie als kleine Erwachsene. Die Großen nehmen auf die Wünsche der *bambini* Rücksicht. Diese dürfen abends oft lang aufbleiben; niemand schickt sie ins Bett, wenn sie nicht müde sind. Bambini sind Kinder bis zum 10. Lebensjahr. Danach heißt der Junge *ragazzo,* das Mädchen *ragazza.*

## Der Pizzabäcker

Die Pizza stammt aus Neapel und war ein Festessen für arme Leute. Sie gossen einen Löffel dicke Tomatensoße über einen kalten Brotfladen, der aussah wie ein Pfannkuchen. Damit kein Tropfen Soße verlorenging, wurde er zweimal zusammengeklappt. Irgendwann kam jemand auf die Idee, den Fladen in den Ofen zu stecken – und die Pizza war erfunden! Heute gibt es Pizza mit und ohne Käse, mit Schinken oder Salami, mit Artischocken oder Pilzen, mit Muscheln und Krabben. Aus dem einfachen Fladen ist ein beliebtes Gericht geworden. Am besten schmeckt die Pizza, wenn sie von einem Pizzabäcker im Holzkohlenofen gebacken wird.

## Die Sänger

Wenn bei uns Arbeiter am Bau singen, sind es bestimmt Italiener. Denn die Italiener sind ein besonders sangesfreudiges Volk. Sie führen auf öffentlichen Plätzen sogar Sängerwettstreite durch, vor allem in der Gegend von Neapel. Viele Städte veranstalten im Sommer auch Opernaufführungen im Freien, zum Beispiel Verona in seiner wundervollen römischen Arena. Die Italiener sind sehr stolz auf ihre Opernsänger. Sie haben auch eines der berühmtesten Opernhäuser der Welt, die »Scala« in Mailand. Zu den besten Opernsängern aller Zeiten zählt der Italiener Enrico Caruso. Auch viele Schlagersänger stammen aus Italien.

## Der Pfarrer

Italien ist ein katholisches Land. Das merkt man schon an den vielen Geistlichen, die leicht an ihrer Kleidung zu unterscheiden sind: Die Mönche heißen *padri; »padre«* bedeutet soviel wie »Vater«. Sie tragen eine einfache Kutte. Die Pfarrer, die *parroci* (:parrotschi), haben oft eine lange, schwarze Soutane an, mit 33 Knöpfen! Ist dieses rockähnliche Gewand violett, dann ist sein Träger ein Bischof. Eine rote Soutane steht nur einem Kardinal zu; der Papst trägt als einziger eine weiße.

Der bekannteste italienische Priester ist eine Romanfigur: »Don Camillo«. Es gibt viele Geschichten, in denen er sich mit seinem Freund, dem Bürgermeister »Peppone«, streitet.

## Die Fischer

In Italien wird viel gefischt, am meisten im Meer, aber auch in den Seen und Kanälen. In der Poebene gibt es in den Kanälen noch wohlschmeckende Aale und Karpfen. Im Po selber kamen früher sogar bis zu 2 Meter lange Störe vor. Die Fischer fingen sie mit der Angel und einem Stubenküken als Köder. Da auch in Italien die Gewässer immer mehr verschmutzen, gibt es immer weniger Fische. Früher war ein Fang oft so ergiebig, daß man nur die besten Fische auswählte. Daher stammt das alte Sprichwort: »*Non so che pesci pigliare*« – »Ich weiß nicht, welchen Fisch ich nehmen soll.« Das sagt man, wenn man zwischen zwei Dingen wählen muß.

## Die Zigeuner

Die Zigeuner – die Italiener nennen sie *zingari* – sind ein Volk, das vor rund 800 Jahren aus Indien nach Europa eingewandert ist. Die meisten sind im Winter seßhaft, und ihre Kinder besuchen eine Schule. Im Sommer dagegen ziehen viele Zigeuner in Wohnwagen oder Zelten umher und verdienen sich ihren Lebensunterhalt durch Handarbeiten, Zirkusvorführungen und Musizieren, Kartenlesen, Wahrsagen oder Pferdehandel. Wegen ihrer ungewöhnlichen Lebensweise betrachtet man sie in manchen Ländern recht argwöhnisch. Die Italiener lassen sie in Ruhe. Deshalb trifft man auch in italienischen Städten immer wieder Zigeuner, die irgendeinen Handel treiben oder betteln.

**Die Hirten**

In Mittel- und Süditalien gibt es noch Schafhirten mit großen Herden. Es sind harte Männer, die im Freien bei ihren Tieren schlafen und nur bei schlechtem Wetter Unterschlupf in kleinen Hütten oder Höhlen suchen. Sie ziehen oft tagelang umher, ohne eine Menschenseele zu treffen. Die Hirten leben hauptsächlich von Brot, Milch und Käse und kleiden sich in Schaffell. Dazu tragen sie dunkle Hosen und weiche Stiefel, die sie mit langen Bändern umwickeln. Zur Weihnachtszeit kommen diese *ciociari* (:tschotscha̲ri) in die Großstädte, nach Mailand oder Rom, und spielen auf ihren Dudelsäcken alte Hirtenlieder.

**Die Jäger**

Viele Italiener sind begeisterte Jäger. Im Herbst ziehen sie bis an die Zähne bewaffnet durch Feld und Flur. Dann schießen diese *cacciatori* (:katschato̲ri) aus allen Rohren – meistens nur auf Spatzen. Denn größeres Wild, wie Rehe, Hirsche oder Wildschweine, kommt ihnen kaum noch vor die Flinte. Natürlich möchte jeder Jäger zu Hause mit einer besonders großen Beute angeben. So werden während der Jagdzeit auch immer wieder Spaziergänger, Pilzsammler oder die eigenen Jagdgenossen angeschossen, die man irrtümlich für ein Großwild gehalten hat. Dabei gibt es manchmal sogar Tote. Leider fangen die Italiener auch Zugvögel, die als Leckerbissen gelten.

# Zahlen und Geld
## *I numeri e il denaro*

»Tschingg« sagen die Schweizer zu einem Italiener, wenn sie böse auf ihn sind. Das ist ein Schimpfwort. Es kommt vom Morra-Spiel, das schon die Kinder im alten Rom spielten und das folgendermaßen geht:
Zwei Kinder sitzen sich gegenüber. Auf ein vereinbartes Zeichen hin zeigt das eine Kind eine beliebige Anzahl von Fingern, und gleichzeitig muß das andere die gezeigte Zahl sagen. Beim Raten und Zeigen wechseln sich die Partner dauernd ab. Wer die meisten Zahlen richtig hat, ist Gewinner. Schlag auf Schlag hört man dabei die italienischen Zahlen von null bis fünf:

| | | | |
|---|---|---|---|
| zero | null | *tre* | drei |
| *uno* | eins | *quattro* | vier |
| *due* | zwei | *cinque* | fünf |

Weil die Kinder bei diesem Spiel immer wieder auch »cinque, cinque« (:tschinkue) rufen, haben die Italiener den Spitznamen »Tschingge« erhalten.
Zählen wir weiter:

| | | | |
|---|---|---|---|
| *sei* (sei) | sechs | *nove* | neun |
| *sette* | sieben | *dieci* | *(:di-etschi)* zehn |
| *otto* | acht | | |

Die Zehner lassen sich leicht merken:

*venti* (20), *trenta* (30), *quaranta* (40), *cinquanta* (:tschinkuanta, 50), *sessanta* (60), *settanta* (70), *ottanta* (80), *novanta* (90).

Noch einfacher sind die Hunderter:

*cento* (:tschento, 100), *duecento* (200), *trecento* (300), *quattrocento* (400), *cinquecento* (500), *seicento* (600), *settecento* (700), *ottocento*(800), *novecento* (900).

Für 1000 sagen die Italiener *mille.* 2000 sind *duemila,* 3000 *tremila,* 4000 *quattromila,* 5000 *cinquemila*, 6000 *seimila,* 7000 *settemila,* 8000 *ottomila,* 9000 *novemila,* 10000 *diecimila,* 100000 *centomila.*

Italienische Banknoten und Münzen

## In Italien ist fast jeder Millionär

Große Zahlen braucht man in Italien viel häufiger als bei uns, denn 50 Lire sind weniger als 10 Pfennige. So bezahlst du für ein Eis etwa 500 bis 1000 Lire; ein Tretboot zu mieten, kostet in der Stunde ungefähr 5000 Lire, ein Mittagessen 10 bis 20 000 Lire. Für ein Fahrrad muß man 200 000 Lire bezahlen und für ein Auto rund 8 Millionen Lire.
Der Wert der Lira schwankt täglich. Wenn du wissen willst, wieviel 1000 Lire gerade wert sind, mußt du bei einer Bank oder in einer Wechselstube, einem *cambio,* nachfragen. Dort bekommst du auch italienisches Geld. Allerdings wird samstags und sonntags kein Geld gewechselt. Also aufpassen, damit das italienische Geld am Wochenende nicht ausgeht!

*Fremde werfen in die* Fontana di Trevi, *einen römischen Brunnen, Münzen, wenn sie zurückkehren wollen. Die kleinen Römer fischen sie mit Magneten heraus.*

Polizia
Abbigliamento
MACELLAIO
Salumeria
Panificio
LATTERIA
Bar tabacchi
T
Pizzeria

# Wir gehen einkaufen
## *Facciamo la spesa*

»*Cosa desideri?*« fragt der Obsthändler – »Was möchtest du?« Wenn du vielleicht Lust auf Pfirsiche hast, sagst du es am besten auf italienisch: »*Un chilo* (:kilo) *di pesche* (:peske)« – »Ein Kilo Pfirsiche«. Der Verkäufer wiegt die Früchte ab, packt sie ein und fragt: »*Altro?*« – »Noch etwas?« »*No, grazie*«, – »Nein, danke«, ist deine Antwort, wenn du weiter nichts kaufen willst.

Die Italiener bezahlen, was der Händler verlangt. Er würde wohl große Augen machen, wenn du plötzlich anfingst, zu handeln und den Preis zu drücken. Das tut kein Italiener. Und doch meinen viele Touristen, dies sei so Sitte in Italien. Man kann bestenfalls auf dem Markt bei größeren Einkäufen etwas zu handeln versuchen, zum Beispiel, wenn man einen ganzen Schinken oder einen großen Käse kaufen möchte. Dann fragt man: »*Per quanto me lo dà?*« – »Für wieviel geben Sie ihn her?«

**Einige italienische Geschäfte**

| | |
|---|---|
| tabacchi | Tabakwaren |
| latteria | Milchgeschäft |
| panificio | Bäcker |
| macellaio | Metzger |
| salumeria | Wurstwaren |
| abbigliamento | Bekleidung |
| supermercato | Supermarkt |
| casa del pesce | Fischgeschäft |
| frutta e verdura | Obst und Gemüse |
| fioraio | Blumengeschäft |

*Ein fliegender Händler ist auch der Gelati-Mann. Er verkauft Eis und kühle Getränke.*

Fast jedes Dorf in Italien hat heute einen *supermercato,* einen Supermarkt. Er sieht nicht anders aus als bei uns auch. Daneben gibt es aber noch viele Kramläden, in denen es nach Gewürzen und Schinken, Würsten und Käse, Kaffee und Seife riecht. Im allgemeinen führen die Geschäfte aber nur ganz bestimmte Waren. So verkaufen viele Metzger keine Wurst, und im Wurstwarengeschäft, der *salumeria,* gibt es kein Fleisch. In einer *tripperia* werden nur Kutteln angeboten, in der *polleria* bekommt man nur Geflügel, in einer *macelleria di cavallo* nur Pferdefleisch. Es kann auch passieren, daß man in drei verschiedene Geschäfte geschickt wird, wenn man etwa einen Kugelschreiber, eine Ansichtskarte und eine Briefmarke kaufen will.

**Der Männerladen**

Überall, in jedem Dorf und in jedem Stadtviertel findest du Geschäfte mit der Aufschrift »*Tabacchi*« (:tabakki). Dort bekommt dein Vater Tabak, Zigaretten und Zündhölzer. Der *tabaccaio,* der Tabakwarenhändler, hat aber auch Briefmarken und Salz, und in den Städten verkauft er noch die Fahrkarten für den Autobus oder die Straßenbahn. Außerdem kann man die Lotto- und Totoscheine bei ihm abgeben. Das Tabakgeschäft ist ein Laden für Männer. Denn es gehört meist zu einer Bar, wo die Männer zu jeder Tageszeit und bis spät in die Nacht hinein ihren Kaffee, ein Glas Wein oder einen Schnaps trinken. Im Sommer sitzen sie meist an der Straße und beobachten die Leute und den Verkehr.

*Wenn es warm ist, wird die italienische Bar auf die Straße verlegt. Hier sitzen die Männer oft stundenlang, reden, trinken und beobachten alles, was um sie herum vorgeht.*

## Fliegende Händler

Wenn man Glück hat, muß man in Italien zum Einkaufen nicht weit gehen. Denn es gibt noch viele fliegende Händler, die ihre Waren direkt zu den Kunden in die Häuser bringen. Den Fischhändler zum Beispiel hört man schon von weitem mit seinem Ruf: »Peeesciii (:peschi) – pescipescipesci!« – »Fischeee – Fischefischefische!« Du darfst ihn nicht mit dem Obsthändler verwechseln, der zum Beispiel schreit: »Peeesche (:peske) – peschepeschepesche!« Er bietet natürlich keine Fische an, sondern Pfirsiche. Nur noch selten kommen heute der *arrotino,* der Scherenschleifer, und der *magnano,* der Kesselflicker.

Einen sehr lustigen Ruf hat der Altwarenhändler, der von Haus zu Haus zieht und schreit: »*Compro stracci* (:stratschi), *bottiglie* (:bottilje), *rottami e bambini cattivi* – »Kaufe Lumpen, Flaschen, Altmetall und böse Kinder!«

**Maße und Gewichte**

| | |
|---|---|
| pezzo | Stück |
| chilo | Kilo |
| mezzo chilo | ein halbes Kilo, Pfund |
| grammo | Gramm |
| etto | 100 Gramm |
| dozzina | Dutzend |
| metro | Meter |
| un po' | ein wenig |
| tanto | viel |
| quanto? | wieviel? |

# Wir gehen essen
## *Andiamo a mangiare*

Viele Leute fahren schon deshalb gerne nach Italien, weil es dort so gut zu essen gibt. Sie erzählen dann begeistert von Spaghetti und Lasagne, von Cannelloni und Pizza. Feinschmecker schätzen die köstlichen Schinken und Würste, die verschiedenen Fische und Käse und schwärmen von den *dolci* (:doltschi), den süßen Nachspeisen. Da die Italiener gerne gut essen, geben sie dafür viel Geld aus. Die meisten gehen wenigstens einmal in der Woche in ein Gasthaus – es muß nicht immer das teuerste und feinste Speiselokal, ein *ristorante,* sein. Auch in einer einfachen Kneipe, einer *osteria,* ißt man gut. Denn da die Italiener von der Küche etwas verstehen, hat es ein schlechter Koch recht schwer.

Im Ristorante geht es meist recht vornehm zu. Man merkt das auch hinterher an der Rechnung. Einfacher ist die *trattoria,* wo es fast immer ein sehr gutes Essen nach Art des Hauses gibt. Die Speisekarte einer Trattoria ist auch meist nicht sehr umfangreich. Wer eine Pizza möchte, geht natürlich in eine *pizzeria.* Die Pizza schmeckt am besten, wenn sie im Holzkohlenofen gebacken wird.

*Die Italiener feiern gerne Feste, bei denen sie oft stundenlang essen und trinken.*

In eine *taverna* verirren sich Touristen nur selten. Das ist ein Weinausschank, in dem die Männer um die Fässer herum sitzen und Wein aus kleinen Gläsern trinken. Dazu bietet der Wirt meist nur kaltes Essen an – verschiedene Wurst- und Käsesorten und natürlich Brot.

*Zum Essen gehören in Italien auch die Augen. Deshalb kann man in vielen Restaurants all die feinen Sachen sehen, die hinterher verspeist werden.*

### Wer gut essen will, braucht Zeit

Touristen sind nicht in allen italienischen Lokalen gern gesehene Gäste. Sie essen zu schnell und zu wenig! Ein Italiener dagegen ißt niemals etwa nur Spaghetti oder Reis. Vor diesem *primo piatto,* dem ersten Gang, nimmt er gewöhnlich eine Vorspeise, einen *antipasto,* zum Beispiel Schinken oder Salami. Der zweite Gang, der *secondo piatto,* besteht aus Fleisch oder Fisch. Dazu kommen noch Beilagen, *contorni,* wie etwa Kartoffeln, Salat oder Gemüse, die man extra bestellen muß. Danach gibt es Käse, Obst und einen Nachtisch, und zum Schluß einen Kaffee und einen Schnaps zur Verdauung. Ein solches Essen dauert manchmal ein paar Stunden, aber die Italiener nehmen sich diese Zeit. Sie gehen oft

*Das Feinste vom Feinen sind Trüffeln, die aber leider unter der Erde wachsen. Nur besonders abgerichtete Hunde oder Schweine können diese wertvollen Pilze mit ihrer feinen Nase aufspüren.*

**Was Kinder gerne trinken**

| | |
|---|---|
| limonata | Zitronengetränk |
| aranciata | Orangenlimonade |
| cedrata | Zitronatgetränk |
| acqua minerale | Mineralwasser |
| orzata | Mandelmilch |
| spremuta di arance | Orangensaft |

erst am Abend essen. Das Abendessen heißt *cena* (:tschena), das Mittagessen *pranzo* und das Frühstück *colazione.* Das Frühstück ist in Italien nicht wichtig; es besteht meist nur aus einer Tasse Kaffee.

### Das verkehrte Brot

Zu jedem Essen gibt es herrliches Weißbrot, *pane,* oder *panini,* Brötchen. Brot gehört zum Gedeck, dem *coperto.* Für das Coperto muß man immer extra bezahlen. Man bekommt dafür ein frisches Tischtuch, Servietten, geriebenen Käse und einen gefüllten Brotkorb. Dabei ist es Sitte, das Brot niemals mit der Unterseite nach oben zu legen. Denn das ist »das Brot des Henkers« –»*il pane del boia*«.

Als es noch die Todesstrafe gab, wurde sie von Henkern und Scharfrichtern vollzogen. Diese und ihre Familien waren nicht sehr beliebt, und niemand wollte mit ihnen etwas zu tun haben. Die Bäcker legten die Brote, die für sie bestimmt waren, stets mit der Unterseite nach oben. Solch »verkehrtes« Brot bedeutet heute noch Unglück.

*Viele Italiener können ein bißchen Deutsch, was sich auf der Speisekarte dann etwa so liest:*

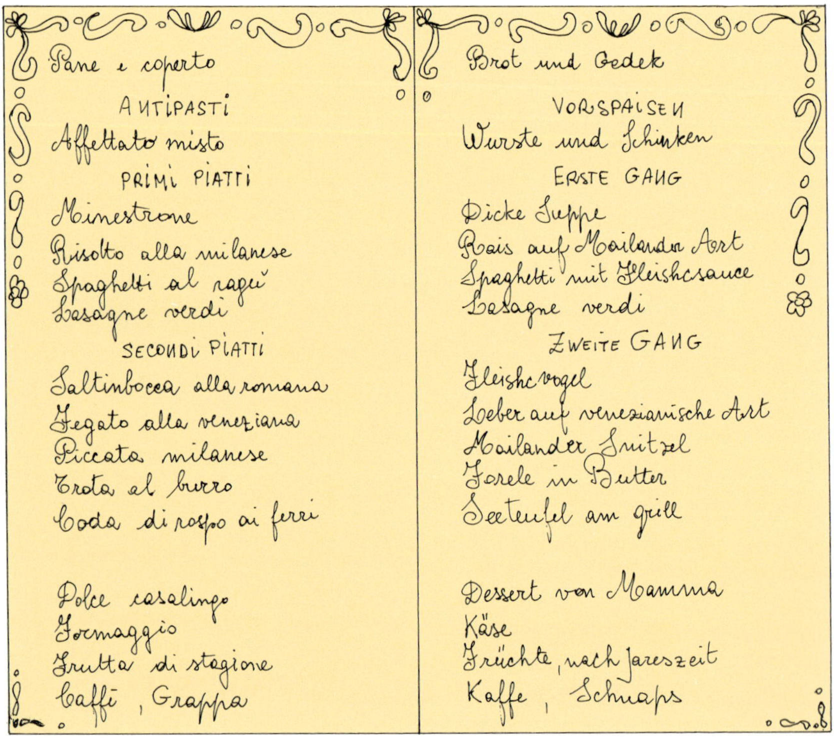

**Wo die Bar schon frühmorgens öffnet**

Kein Dorf in Italien – und sei es noch so klein – kommt ohne *bar* aus. In der Bar treffen sich die Leute frühmorgens, mittags, abends, eigentlich immer. Sie trinken dort den starken italienischen Kaffee, den *espresso,* ein Gläschen Wein oder einen Schnaps. Die Bar ist das Nachrichtenbüro und das Klatschzentrum des Dorfes oder Stadtviertels. In einem Nebenraum steht meist ein Billardtisch, an dem die Männer pausenlos spielen. Sie verwenden dazu keine Stöcke, sondern stoßen und rollen die Billardkugeln mit der Hand. Die Barbesucher geben ihre Ratschläge dazu, und es geht recht laut her.

**Was jedes Kind zuerst auf italienisch kann: gelato**

Das Paradies aller Kinder ist die *gelateria* (:dschelateria), die Eisdiele. Speiseeis oder Eisgetränke kannten schon die alten Römer. Allerdings war es eine seltene Leckerei, denn Eismaschinen oder Kühlschränke gab es noch nicht. Die Römer ließen deshalb Schnee aus den Bergen von Schnelläufern heranbringen. Auf dem Vulkan Ätna in Sizilien liegt fast das ganze Jahr über Schnee. Nach altem Recht gehörte dieser dem Bischof der Stadt Catania am Fuße des Ätna. Offensichtlich haben die geistlichen Herren besonders gerne Eis geschleckt. Denn noch heute gilt das Eis von Catania als das beste von ganz Italien.

**Wir machen Gelato**

Milch und Sahne mit Vanille (oder Vanillezucker) aufkochen und abkühlen lassen. Dann drei bis vier Eigelb und viel Zucker hineinschlagen, erwärmen und ständig umrühren, bis die Masse cremig wird. Nicht kochen! Abkühlen lassen und mit zerdrückten Früchten, zum Beispiel Erdbeeren, mischen und ins Tiefkühlfach stellen. Guten Appetit!

# Wir kochen italienisch
## *Cuciniamo all' italiana*

Was fällt dir bei italienischem Essen zuerst ein? Natürlich Spaghetti! Die langen dünnen Nudelfäden sind ein Nationalgericht der Italiener und haben ihnen das Schimpfwort »Spaghettifresser« eingebracht. Spaghetti sind jedoch nur eine Form der *pasta.* Pasta ist das italienische Wort für Nudeln. Man kennt in Italien Dutzende von Teigwaren; manche behaupten sogar, es gäbe über hundert. Sie sind von Gegend zu Gegend verschieden. Oft haben aber auch dieselben Nudeln woanders nur einen anderen Namen. Eine kleine Auswahl siehst du auf dem Bild unten. Präge sie dir gut ein, damit du in einem Lokal auch die richtigen Nudeln bestellst.

Wichtig ist auch der Unterschied zwischen *sugo* und *brodo:* Spaghetti mit Sugo, mit einer Soße aus Tomaten, nennt man auch *pasta asciutta* (:pasta aschutta), »trockene« Pasta. Eine *pasta in brodo* ist eine Nudelsuppe.

Wir wollen Spaghetti mit Sugo kochen und beginnen mit der Soße:

Zuerst geben wir etwas Olivenöl in eine Pfanne. Darin rösten wir halbe Knoblauchzehen. Sobald der Knoblauch bräunlich wird, nehmen wir ihn heraus, damit der Sugo nicht bitter schmeckt. Jetzt schütten wir eine Dose geschälte

Tomaten dazu und lassen alles 20 Minuten kochen. Immer wieder umrühren, damit nichts anbrennt! Zum Schluß würzen wir mit Salz, Pfeffer, Petersilie und Basilikum.

Nun die Spaghetti: Für 1 Pfund brauchen wir mindestens 5 Liter Wasser, das wir mit 2 Eßlöffel Salz zum Kochen bringen. Dann geben wir die Spaghetti hinein und lassen sie auf kleiner Flamme ungefähr 7 Minuten weiterkochen. Wir nehmen immer wieder einen Spaghetto heraus und probieren ihn. Er muß »al dente« sein, wie die Italiener sagen. Das heißt, die Spaghetti dürfen nicht pappen, sondern sollen noch einen Biß haben.

Wenn die Spaghetti »al dente« sind, das Wasser abgießen, Spaghetti abtropfen lassen, auf vier Suppenteller verteilen, den Sugo und Käse darübergeben. *Buon appetito!* – Guten Appetit!

Spaghetti essen will gelernt sein: Sie werden nur mit der Gabel aufgewickelt. In Süditalien darfst du aber auch den Löffel zu Hilfe nehmen.

# Auf dem Markt
## *Al mercato*

»A buon mercato« nennt der Italiener eine Sache, die er günstig bekommen hat. Das heißt etwa soviel wie »günstig auf dem Markt gekauft«. Ein anderes Wort für »billig« kennt er nicht. Tatsächlich kann man auf einem italienischen Markt oft viel preiswerter einkaufen als in den Geschäften. Das wissen nicht nur die Italiener. Denn wenn irgendwo ein Markt stattfindet, strömen auch die Touristen herbei, die gerade in der Gegend Ferien machen. Geschäftstüchtige Händler halten deshalb oft mitten in den Feriengebieten einen Markt ab.

**Der Markt im Freien**

Für gewöhnlich ist in den Städten einmal in der Woche Markttag. Dazu kommen fahrende Händler aus vielen Teilen des Landes. Schon früh am Morgen bauen sie ihre Stände auf, entweder auf einem Marktplatz oder in mehreren Straßen. Bei einem großen Markt sind es oft an die hundert Stände. Aus den umliegenden Dörfern strömen die Kauflustigen herbei, und es gibt ein Geschiebe und Gedränge, daß man kaum vorwärts kommt. Was wird da nicht alles angeboten: Lederwaren und Schuhe, Hüte und Krawatten, Kleider, Stoffe und Wäsche, Töpfe, Geschirr und alles für den Haushalt, Spielsachen, Musikkassetten ..., es ist beinahe wie in einem Kaufhaus. Fast immer ist auch ein »Billiger Jakob« da, der seine Waren mit dem Lautsprecher anpreist.
Zu einem italienischen Markt gehört natürlich auch der Wagen mit dem *porcellino,* einem am Spieß gebratenen Spanferkel. Viele Marktbesucher kaufen sich eine Portion, und bis Mittag, wenn der Markt zu Ende geht, ist von dem Schwein nichts mehr da.
Für die Italiener auf dem Land ist der Wochenmarkt eine wichtige Einkaufsquelle. Auf dem Markt bekommt man fast alles und das Einkaufen macht dort viel Spaß.

### Der Markt unter Dach

Große Städte haben fast immer eine Markthalle, in der täglich frische Waren angeboten werden. Hier gibt es alles zu kaufen, was das Land an Eßbarem hervorbringt: Obst und Gemüse, Fleisch, Geflügel und Wild, Fische, Muscheln und Krebse, vielerlei Sorten von Käse und alle Arten von Kräutern, dazu Olivenöl, Eier, Butter, Schinken, Würste. Ein solcher Markt ist ein richtiges Schlaraffenland.

**Was du auf einem Wochenmarkt kaufen kannst:**

| | |
|---|---|
| scarpe | Schuhe |
| pullover | Pullover |
| guanti | Handschuhe |
| cinture | Gürtel |
| borse | Handtaschen |
| portafogli | Geldbeutel |
| stoffe | Stoffe |
| giocattoli | Spielsachen |
| cravatte | Krawatten |
| bigiotteria | Schmuck |
| ceramiche | Töpferwaren |

Ein besonders farbenprächtiges Bild bieten die Gemüsestände mit dem Rot der verschiedenen länglichen und runden *pomodori,* der Tomaten, und dem Grün und Gelb der Paprikaschoten, der *peperoni.*

**Auf jedem Markt wird Käse verkauft**

Bei italienischem Käse fällt einem sofort der Parmesan ein, der gerieben über die Spaghetti gestreut wird. Die Italiener nennen ihn *grana* oder *parmigiano* (:parmidschano), weil er aus der Stadt Parma kommt. Ein ganzer Käselaib wiegt 25 bis 30 Kilogramm. Der Parmesan muß 2 bis 3 Jahre lagern, bis er so steinhart ist, daß ihn der Händler nur mit einem keilförmigen Messer stückweise abbrechen kann. Ganz weich dagegen und schneeweiß ist die *mozzarella,* die man vor allem auf die Pizza legt. Echte Mozzarella wird immer aus der Milch von Wasserbüffeln gemacht. Der harte *caciocavallo* (:katschokawallo) sieht aus wie eine Flasche und hat sogar einen Henkel. Die Italiener sind Käseliebhaber, und zu jeder guten Mahlzeit gehört zum Schluß eine Portion *formaggio* (:formadscho, Käse).

*Auf einem richtigen italienischen Markt bekommt man nicht nur Obst, Gemüse, Fleisch und Käse, sondern auch alles, was zum Haushalt gehört.*

**Eine Salami sind mindestens zwei**

Bei uns kann man in fast jeder Metzgerei Salami kaufen. Auf einem italienischen Markt sieht man viele verschiedene Sorten: von den fingerlangen *cacciatorini* (:katschatorini) bis zum meterlangen Riesensalame. Das »e« ist hier kein Druckfehler. Es heißt tatsächlich der *salame,* wenn es sich nur um eine Wurst handelt. Aber weil die Italiener so gerne Spaghetti essen und Cannelloni und Tortellini und überhaupt vieles, was auf i endet, haben die Fremden aus dem Salame die Salami gemacht. Eine besondere Delikatesse ist auch der *prosciutto* (:proschutto), der Schinken. Er wird nicht gekocht oder geräuchert, sondern an der Luft getrocknet. Der Italiener nennt ihn »Prosciutto di Parma«, Parmaschinken. Ob Käse oder Schinken, die Stadt Parma ist ein Paradies der Feinschmecker.

*Da die Italiener gerne Hühner essen, werden diese auch auf dem Markt angeboten.*

# Wir sind eingeladen
## *Siamo invitati*

Wenn du bei einer italienischen Familie eingeladen bist, ist das sehr zwanglos. Du gehst einfach hin, sagst »buon giorno« und gehörst dazu.
Die Italiener sind sehr gastfreundlich. Erscheint man etwa zur Essenszeit, dann wird ohne viel Umstände ein weiteres Gedeck aufgelegt. Man setzt sich an den Tisch und ißt mit. Richtig gegessen wird nur, wenn der Vater von der Arbeit nach Hause kommt. Für einen Fremden sieht es oft so aus, als sei der Mann der Herr im Haus. In Wirklichkeit ist es aber die Frau, die Signora, die die Zügel fest in der Hand hält. Auf dem Land, wo es noch Großfamilien mit Großeltern, Kindern, Onkel und Tanten gibt, ist die Großmutter, die Nonna, die Respektsperson.
Ein italienischer Haushalt unterscheidet sich nicht sehr von einem anderen europäischen: Wenn Kinder zur Schule müssen, steht die Familie morgens um 7 Uhr auf. Ein Frühstück wie bei uns mit Brot, Butter und Marmelade, vielleicht gar mit Eiern, Wurst und Käse, kennt man in Italien nicht. Die Italiener trinken zu Hause oder in der Bar nur schnell einen Kaffee und essen dazu vielleicht ein Hörnchen. Die Kinder bekommen einen *caffè latte,* einen Milchkaffee.

### Die Schule in Italien

Die Schule beginnt um halb neun Uhr. Früher mußten alle Grundschüler eine Uniform tragen, die Mädchen einen weißen, die Jungen einen schwarzen Kittel. Das hatte den Zweck, den Unterschied zwischen reichen und armen Kindern zu verdecken. Heute ist das nicht mehr so streng, aber man sieht die Schuluniform doch noch häufig.
Mit 6 Jahren kommen die Kinder in die *scuola elementare,* die Grundschule. Nach 5 Jahren folgt eine dreijährige Einheitsschule. Erst dann können die Schüler wählen, ob sie nun eine Berufsschule, eine Fachschule oder das Gym-

nasium besuchen wollen, das auf italienisch *liceo* (:litscheo) heißt. Hier lernt man auch Englisch, Deutsch und Französisch. Viele gehen nach der achten Klasse auf eine Fachschule, wo sie für einen bestimmten Beruf ausgebildet werden. Viele werden auch Lehrer, obwohl diese in Italien nicht besonders gut bezahlt sind. Insgesamt ist die Schule in Italien nicht so ernst wie anderswo. In der Grundschule gibt es zum Beispiel keine Noten und niemand bleibt sitzen.

**Höflichkeiten, die du in Italien immer brauchen kannst:**

| | |
|---|---|
| buon giorno | Guten Tag |
| buona notte | Gute Nacht |
| ciao | Servus |
| buon appetito | Guten Appetit |
| arrivederci | Auf Wiedersehen |
| buon viaggio | Gute Reise |
| grazie tante | Vielen Dank |
| per favore | bitte |
| prego | bitte sehr |
| come sta? | Wie geht es Ihnen? |

Rettungsboot
salvataggio
Liegestuhl
sedia sdraio
HOTEL ADRIA
Ristorante

## Am Badestrand
## *Alla spiaggia*

Italienisch ist kinderleicht: *scherzo* (:skerzo) heißt Scherz, *spasso* heißt Spaß, und was *caldo* heißt, weiß jeder, der seine Ferien am Meer verbringt. »L' acqua è calda«, sagt Lucia, als sie aus dem Meer kommt, »das Wasser ist warm!« Tatsächlich ist das Mittelmeer nicht kalt, *non freddo;* es erwärmt sich im Sommer auf 23 bis 26 Grad. Deshalb fallen jedes Jahr Millionen Touristen aus nördlichen Ländern wie Heuschreckenschwärme an den italienischen Badestränden ein.

### Der Bagnino ist der Strandkönig

Das Meer gehört in Italien allen. Jeder darf baden, wo er will. Trotzdem gibt es viele Badeanstalten – besonders dort, wo das Meer am schönsten ist. Sie kosten gewöhnlich zwar keinen Eintritt, aber wer nichts bezahlt, wird vom Bademeister, dem *bagnino* (:banjino) nicht beachtet. Der Bagnino ist eine Respektsperson im *bagno* (:banjo), im Strandbad. Ohne ihn hat man keinen *ombrellone,* keinen Sonnenschirm und keine *sedia sdraio,* keinen Liegestuhl. Und ohne beides ist das Badevergnügen nur halb so schön; denn die Sonne scheint sehr stark, und der Sand wird glühend heiß. Die Liegestühle und Sonnenschirme stehen in Reih und Glied. Und wie im Theater sind die vorderen Plätze am teuersten. Dort hat man die beste Aussicht aufs Meer.

Der Bagnino ist für alles verantwortlich, was am Strand passiert. Er befehligt auch das Boot mit der Aufschrift *salvataggio* (:salwatadscho), »Rettung«. Gottseidank muß es nur selten zu Wasser gelassen werden, um einen Ertrinkenden zu retten. Arbeit hat der Bagnino auch so genug: Am Abend sind nicht nur die Liegestühle und Sonnenschirme wieder wegzuräumen, es liegt auch allerhand Abfall herum. Und wenn die Flut kommt oder ein Sturm, werden abgerissene Algen, Quallen, Muscheln, manchmal sogar Fische zusammen mit anderem Treibgut auf den Strand gespült. Der Bagnino muß dann sehr früh aufstehen und alles einsammeln. Während die Badegäste in den Strandhotels noch schlafen, schleppt er ein großes Maschengitter durch den Sand, in dem nicht nur die vielen Zigarettenkippen, Bonbonpapierchen und Eisbecher, sondern auch scharfkantige Muschelschalen und Steine hängenbleiben.

### Teppiche und Kokosnüsse

Untertags kommen auch viele fliegende Händler an den Strand. Sie haben es auf die zahlungskräftigen Kunden abgesehen und ziehen mit Teppichen,

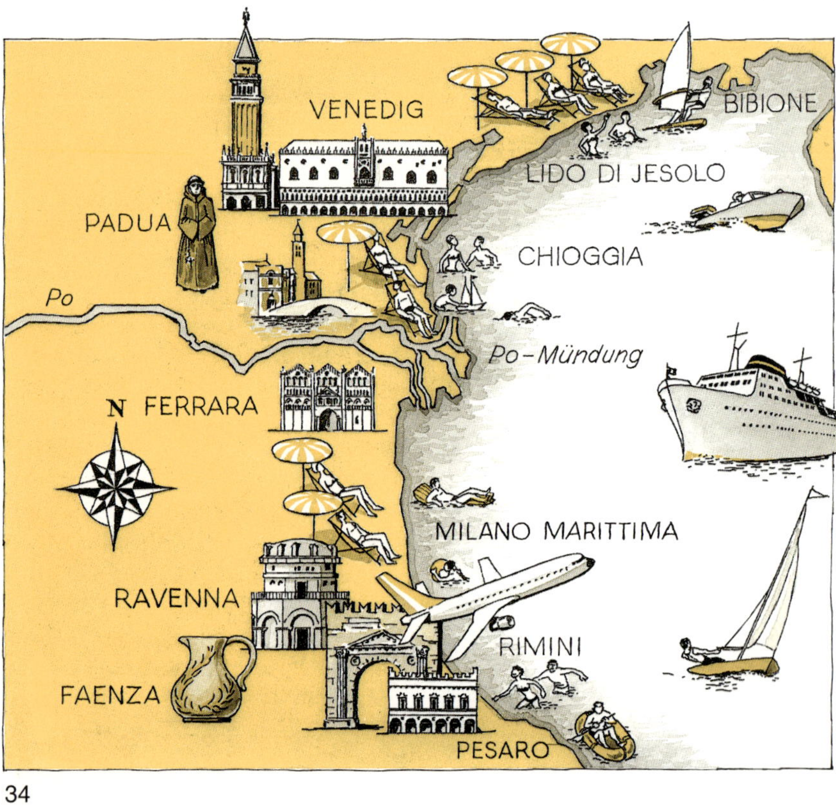

Wolldecken, Stickereiarbeiten, Schals und Krawatten von Liegestuhl zu Liegestuhl. Merkwürdigerweise kaufen Leute in Badekleidung besonders gern ein. Sie schwitzen und kaufen Wolldecken und Pullover, sie haben nichts an und kaufen Krawatten. Vielleicht denken sie schon an den nächsten Winter zuhause. Für die Kinder ist nur der Eisverkäufer interessant, der hier mit seinem Gelato ein gutes Geschäft macht. Manchmal kommt einer und schreit *»Cocco bello«*, »schöne Kokosnüsse«. Er verkauft Kokosnußschnitze. *»Canditi, canditi«* ruft ein nächster, kaum daß man das Eis gegessen und ein Stück Kokosnuß hinuntergeschluckt hat. Canditi sind kandierte, gezuckerte Früchte.

*Boccia spielen die Italiener, wo immer sie eine ebene Bahn und eine Kugel vorfinden.*

**Die vier italienischen Meere**

Die Italiener sprechen nicht von dem Mittelmeer, sondern sie zählen voller Stolz vier Meere auf: das *Ligurische Meer* im Nordwesten mit der Hafenstadt Genua, südlich davon das *Tyrrhenische Meer* mit der Hafenstadt Neapel, im Osten das *Ionische Meer* zwischen Italien und Griechenland und das *Adriatische Meer* nördlich davon.
Die Adria, wie es kurz genannt wird, ist das Lieblingsbad vieler Deutscher und Österreicher und ist von Norden her schnell zu erreichen. Zwischen Rimini und Venedig und darüber hinaus bis Triest ist fast überall feiner, weicher Sandstrand. Die Brandung ist hier weniger stark als an den anderen Mittelmeerküsten.

**Das Boccia-Spiel**

»Boccia« (:botscha) bedeutet »Kugel«, und »giocare a bocce« (:dschokare a botsche) nennt der Italiener sein liebstes Spiel. Man spielt es am besten zu zweit oder zu viert. Zuerst muß ein Spieler die kleine, farbige Setzkugel ein Stück weit weg werfen. Die anderen Spieler müssen nun abwechselnd versuchen, ihre großen Kugeln möglichst dicht an die kleine Setzkugel heranzurollen – im Sand muß man natürlich werfen. Dabei ist alles erlaubt: Man darf die eigenen oder die fremden und auch die Setzkugel wegstoßen. Für jede Kugel, die näher an der Setzkugel liegt als die des Gegners, erhält man einen Punkt. Wer nach zehn Spielen die meisten Punkte hat, ist Sieger.

*Das in Salzgärten gewonnene Salz wird zu großen Haufen zusammengekehrt.*

In die Adria münden die beiden größten italienischen Flüsse, der Po und die Etsch oder *Adige* (:adidsche). In ihrem Mündungsdelta ist das Meerwasser mit Süßwasser verdünnt und nicht ganz so salzig wie sonst. Im Durchschnitt beträgt der Salzgehalt der Adria und des übrigen Mittelmeers etwas mehr als 3,5 Prozent, das heißt, in einem Liter Meerwasser sind 35 Gramm Salz gelöst. Wer im Meer badet und sich, ohne zu duschen, in der Sonne trocknen läßt, ist bald von einer Kruste aus vielen kleinen Salzkristallen überzogen. Die Italiener gewinnen das Salz aus dem Meer, in sogenannten Salzgärten. Das sind große flache Becken, in denen das Meerwasser verdunstet. Zurück bleibt Salz.

## Pflanzen und Tiere am Strand

Am Sandstrand leben kaum Pflanzen und Tiere. Den Grund dafür kann man leicht herausfinden: man muß nur einmal barfuß durch den Sand laufen. Er wird unter der Sonne Italiens so heiß, daß es kaum ein Lebewesen aushält. Dennoch werden Pflanzen und Tiere mit der Flut angeschwemmt. Wenn das Wasser bei Ebbe abgeflossen ist, findet man Quallen, Muscheln und Schnekken, verschiedene Algen, Krebse und Reste von Tintenfischen.

**Badetips**

Die Sonne am Strand ist sehr heiß! Besser in den ersten Tagen im Schatten des Sonnenschirmes bleiben, denn ein Sonnenbrand kann die Ferien verderben.

Fast an jedem Strand gibt es eine *doccia* (:dotscha), eine Dusche, um sich abzukühlen. Gehe nie erhitzt ins Meer und warte nach dem Spaghetti-Essen wenigstens eine Stunde.

An Felsstränden sind Gummischuhe nicht schlecht. Im Wasser gibt es Seeigel mit spitzen Stacheln und am Sandstrand Quallen mit Nesselkapseln, die Juckreiz verursachen.

Bohrschnecke
Qualle
Alge
Meersalat
Sammetmuschel
Napfschnecke
Strandfloh
Tintenfisch
Sägezähnchen
Pelikansfuß
Seerose
Venusmuschel
Seepocke
Darmtang
Strandkrabbe
Seeigel

# Bei den Fischern
## *Dai pescatori*

*»Posso venire a tirare le reti domani?«* Diesen komplizierten Satz solltest du auswendig können, wenn du mit einem Fischer einmal zum Fang ausfahren willst. Er bedeutet: »Darf ich morgen mal mit Ihnen die Netze einziehen?« Wenn der Fischer »si« sagt, dann frage zurück: *»A che ora?«* – »Um wieviel Uhr?« Auf jeden Fall heißt es dann früh aufstehen. Das hat einen einfachen Grund:

Der Fischer setzt seine Netze am Abend vor Sonnenuntergang. In der Nacht werden die Fische, die den Tag meist träge und zurückgezogen verbringen, lebendig. Sie steigen dann gegen die Wasseroberfläche auf, um zu fressen. Dabei verfangen sie sich leicht mit den Flossen und den Kiemendeckeln in den Maschen der ausgespannten Netze. Schon vor Sonnenaufgang wollen sich aber auch andere Tiere des Meeres von dem Fang etwas holen, vor allem die Tintenfische. Sie fressen die gefangenen Fische völlig auf, und der Fischer hat das Nachsehen. Darum muß er früh heraus, um den gefräßigen Räubern zuvorzukommen.

Die Netze sind meist 2 Meter hoch und 100 bis 400 Meter lang. Der Fischer läßt sie bis auf den Meeresboden hinunter. Der untere Saum des Netzes trägt Kugeln aus Blei, der obere Kugeln aus Kunststoff, die im Wasser aufsteigen. Die schweren Bleikugeln ziehen das Netz nach unten und spannen es straff.

*Am frühen Morgen bringen die Fischer ihren Fang zum Markt.*

Fische, die sich in den Maschen verfangen, kämpfen oft erbittert, um wieder frei zu kommen. Sie zerreißen dabei meist das Netz. Der Fischer muß es deshalb immer wieder flicken. Bei ihrem Kampf im Netz verletzen sich die Fische auch und verlieren an Marktwert. Völlig unversehrte Fische fängt man mit der Langleine. Das ist eine riesenhafte Angelschnur von mehreren Kilometern Länge. Daran sind in regelmäßigen Abständen die Angelhaken mit den Ködern angebracht. Mit dem Netz oder der Langleine werden in Italien die meisten Meeresfische gefangen. Für einige Fische hat man besondere Fangmethoden entwickelt.

### Die Fischjagd

Am spannendsten ist der Fang des *tonno,* des Thunfisches, und des *pesce spada* (:pesche spada), des Schwertfisches. Eigentlich handelt es sich dabei um eine Art Jagd. An der Westküste Siziliens zum Beispiel hindern Stellnetze die Thunfische am Weiterschwimmen und zwingen sie in große Netzfallen. Um die Fallen bilden die Fischerboote einen Kreis, und die Männer holen die sich mächtig wehrenden Fische mit Haken aus dem Wasser. Bei diesem Fang, der nach einem arabischen Wort *mattanza* heißt, werden alle klatschnaß. Richtig gefährlich ist der Schwertfischfang, bei dem es ähnlich zugeht. Schon mancher sizilianische Fischer wurde durch das spitze Schwert der Fische schwer verletzt oder sogar getötet.

*Die Fischer flechten Reusen, um Hummer und Aale darin zu fangen.*

*Manchmal kann man Fischer noch auf diese alte Weise Muscheln schöpfen sehen.*

*Der Thunfischfang ist gefährlich und meistens eine sehr nasse Angelegenheit.*

Wenn du im Meer nachts Lichter siehst, dann sind dies Fischer auf Sardinenfang. Mit hellen Lampen ziehen sie die Sardinen an, die sie dann mit beutelförmigen Netzen aus dem Wasser schöpfen.

## Leckerbissen aus dem Meer

Eines der wohlschmeckendsten Meerestiere ist die *aragosta,* die Languste, ein bis 90 Zentimeter langer blaugrauer Krebs mit kleinen Scheren. Er ist sehr begehrt und teuer, und die Fischer stellen ihm deswegen überall nach. Dazu legen sie geflochtene Reusenkörbe aus, in die die Tiere zwar hineinkriechen, aber aus denen sie nicht mehr entkommen können. Auf diese Weise werden auch Aale gefangen.
Alte Fischer, die viel Zeit und Geduld haben, machen in kühleren Monaten Jagd auf große Tintenfische, die *polpi.* Mit einem Guckrohr, das sie ins Meer eintauchen, sehen sie unter Wasser alles sehr scharf wie in einem Aquarium.

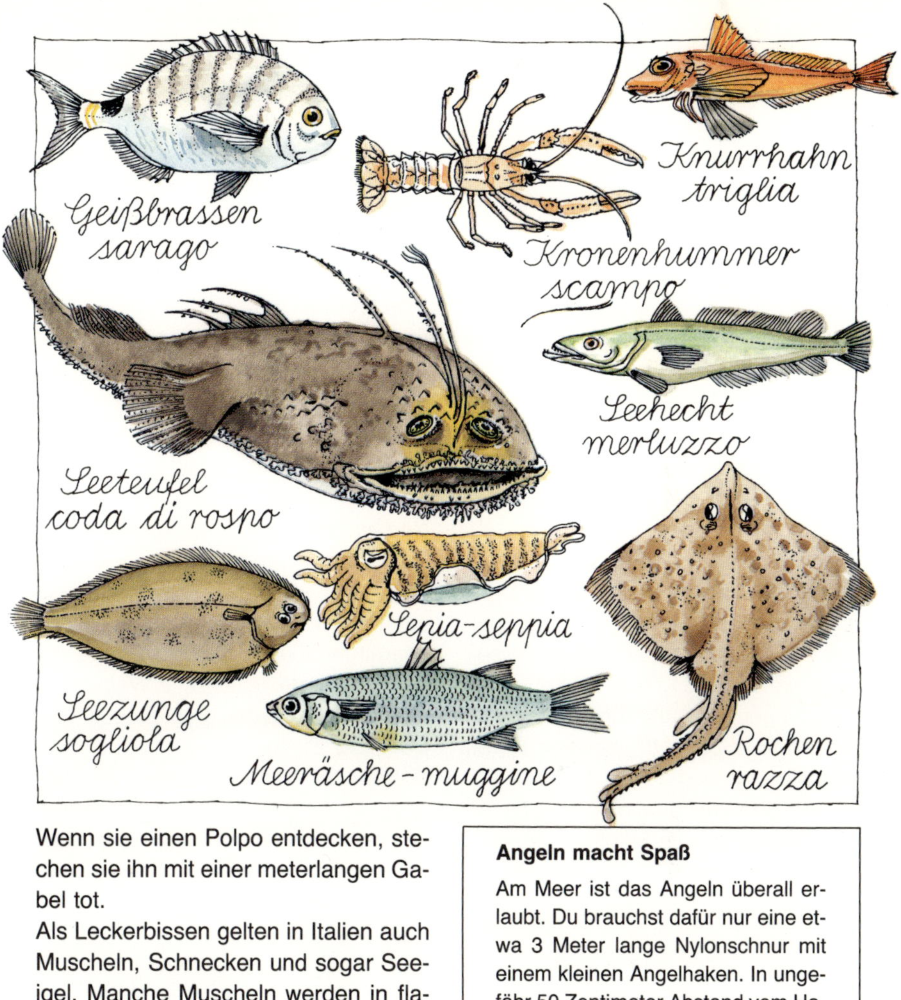


Wenn sie einen Polpo entdecken, stechen sie ihn mit einer meterlangen Gabel tot.

Als Leckerbissen gelten in Italien auch Muscheln, Schnecken und sogar Seeigel. Manche Muscheln werden in flachen Küstengebieten, zum Beispiel in der Lagune von Venedig, in großen Bänken gezüchtet. Dazu gehören die *ostriche* (:ostrike), die Austern, und die *cozze,* die Miesmuscheln mit den dunkelblauen Schalen. All diese Köstlichkeiten – ob man sie nun essen mag oder nicht – gibt es auf dem Fischmarkt.

**Angeln macht Spaß**

Am Meer ist das Angeln überall erlaubt. Du brauchst dafür nur eine etwa 3 Meter lange Nylonschnur mit einem kleinen Angelhaken. In ungefähr 50 Zentimeter Abstand vom Haken befestigst du einen Schwimmer aus Kork. Als Köder sind Stücke von einem Tintenfisch gut geeignet. Einen solchen *calamaro* kaufst du auf dem Markt. Wenn ein Fisch in den Köder beißt, zuckt der Schwimmer. Jetzt heißt es nur noch, im richtigen Augenblick hochzuziehen.

# Obst, Wein und Schnee
## *Frutta, vino e neve*

An der Brennergrenze sagt der Zöllner: »Paß, bitte«. Das kann er auf deutsch sagen, auch wenn er vielleicht aus Süditalien stammt. Aber dann geht es gleich italienisch weiter: »*Ha qualcosa da dichiarare* (:dikjarare)?« – »Haben Sie etwas zu verzollen?«
Sobald du die Grenze passiert hast, bist du in Italien, auch wenn es dir zunächst gar nicht so vorkommt. Denn vielleicht fragt man deinen Vater an der nächsten Tankstelle bereits in bestem Deutsch: »Volltanken? Sonst noch einen Wunsch?« Im Gasthaus, das hier kein Albergo ist, gibt es eine deutsche Speisekarte, und das Essen schmeckt beinahe wie daheim: Knödel statt *gnocchi,* Tiroler Speck anstelle von Parmaschinken. Nur Spaghetti bekommst du überall.
Südtirol gehörte früher einmal zu Österreich, daher die größtenteils deutschsprachigen Bewohner. Die meisten von ihnen können natürlich auch Italienisch, und manche sprechen sogar noch eine dritte Sprache: das Ladinische oder Rätoromanische. Die Ladiner bewohnen einige Nebentäler und sind die Nachfahren der Räter, die vor vielen Jahrhunderten nach Südtirol einwanderten.

**Von Norden nach Süden**

Wer vom Brennerpaß nach Italien will, fährt fast schnurgerade immer nach Süden, zuerst durch das Flußtal der Eisack. Schon bald kommt er in das Städtchen Brixen oder *Bressanone.* Wie alle Südtiroler Orte hat es zwei Namen, einen deutschen und einen italienischen. In Brixen gibt es viele Gäßchen und verwinkelte Lauben. Diese überdachten Gehsteige findet man überall in Südtirol. Bei Brixen wächst auch der erste italienische Wein.
Wo die Eisack in den größten Fluß Südtirols, die Etsch, mündet, liegt Bozen, *Bolzano.* Es ist die Hauptstadt der Provinz. Sie ist berühmt für ihre Lauben, unter denen man bei Regen fast durch die ganze Altstadt laufen kann, ohne

ÖSTERREICH
SCHWEIZ
RESCHENPASS
MERAN
Runkelstein
BRENNER
BRIXEN
Eisack
Haflinger
BOZEN
CORTINA D'AMPEZZO
Nationalpark
KALTERN
Kelter
MADONNA DI CAMPIGLIO
Etsch
TRENTO
DOLOMITEN
ROVERETO
N
Gardasee
VERONA

naß zu werden. Nördlich der Stadt steht eine der vielen Burgen Südtirols, »Runkelstein«. Die meisten Burgen sind schon halb verfallen, und in manchen spukt es. In der Nähe der Burg Runkelstein kann man die merkwürdigen Erdpyramiden besichtigen, pfeilerförmige Erhebungen mit einem schweren Stein auf der Spitze.

Über Bozen fahren viele auch nordwestlich nach Meran, italienisch *Merano.* Es ist ein bedeutender Kurort. Hier liegt das Schloß »Tirol«, von dem aus die Herzöge von Tirol einst das Land regierten. Wer noch weiter südwärts fährt, erreicht nach etwa 30 Kilometern die Sprachgrenze. Jetzt kommt er in rein italienisches Gebiet, in das *Trentino.* Hauptstadt dieser Provinz ist Trient oder *Trento.*

### Die Reste eines Urmeeres

Wenn wir zwischen Brixen und Trient in die östlichen Gebirgstäler aufsteigen, kommen wir an ein gewaltiges Korallenriff, die Dolomiten oder *Dolomiti.* Bergnamen wie »Rosengarten«, »Drei Zinnen« oder »Vajolett-Türme« weisen auf seltsame, zackige Bergformen hin. Die Bergstöcke sind Reste riesiger Korallenbauten aus Kalk, die im Laufe von Jahrmillionen aus dem Urmeer auftauchten, das einst fast ganz Europa bedeckte. Wind und Wasser, Hitze und Kälte haben die Korallenbauten bearbeitet, bis schließlich die herrlichen Dolomitfelsen übrigblieben. Diese Entstehungsgeschichte hat vor über 200 Jahren der französische Professor Dolomieu (:dolomjö) herausgefunden, und

*Das Wasser hat diese seltsamen Erdpyramiden aus dem Berg gewaschen.*

*In den Dolomiten kann man gut bergsteigen.*

ihm zu Ehren trägt das Gebirge seinen Namen. Für Bergsteiger und Skifahrer zählen die Dolomiten zu den schönsten Teilen der Alpen. Der höchste Berg ist die *Marmolada* mit 3343 Metern, auf der man auch im Sommer skilaufen kann. Südtirol hat viele berühmte Skigebiete, etwa *Cortina d'Ampezzo,* das *Val Gardena* oder Grödental und *Madonna di Campiglio* (:kampiljo).

### Marroni und Pferde

Im Tal der Etsch gedeiht bei mildem Klima das meiste Obst Italiens. Wenn auf den Gipfeln noch Winter herrscht, blühen im Tal schon die Mandel- und Pfirsichbäume. Hier wachsen Äpfel und Birnen, Aprikosen und Weintrauben. Der Südtiroler Wein ist berühmt, etwa der Rotwein vom Kalterer See oder der Weißwein von Terlan. Zum Wein liefert die Natur die eßbaren Kastanien, die *castagne* (:kastanje) oder *marroni,* wie sie auf Italienisch heißen. Sie wachsen überall wild auf großen Kastanienbäumen, die aber mit unserer Roßkastanie nicht zu verwechseln sind. Wenn im Herbst die Kastanien reif sind und der Wein gekeltert wird, setzen sich die Leute zusammen, trinken jungen Wein und essen dazu im Feuer gebratene Marroni. Das heißt »Törggelen«, vielleicht, weil viele danach heimtorkeln? Kinder interessieren sich wohl mehr für die Haflinger, die kleinen, freundlichen Pferde mit den hellen Mähnen und Schweifhaaren. Sie werden in der Nähe von Bozen gezüchtet, und fast auf jedem Bergbauernhof steht eines dieser trittsicheren Gebirgsponys im Stall.

*Südtirol ist auch ein prima Skigebiet.*

# Romeo und Julia
# *Romeo e Giulia*

Romeo und Julia – wer hat von diesem berühmten Liebespaar noch nichts gehört? Ihre traurige Liebesgeschichte ist weltbekannt, denn der englische Dichter Shakespeare hat ihnen in einem Theaterstück ein unvergängliches Denkmal gesetzt. Jedes Jahr strömen Hunderttausende nach Verona, in die Stadt, in der beide gelebt haben sollen. Sie alle wollen den Balkon sehen, unter dem Romeo einst Julia belauschte.

## Eine traurige Geschichte

Es war im Mittelalter. Die Capuleti, zu deren Familie Julia gehörte, und die Montecchi, die Familie Romeos, sind hochangesehen in der Stadt. Aber sie sind bis auf den Tod miteinander verfeindet. Dennoch nimmt Romeo maskiert an einem Fest der Capuleti teil und trifft dort die wunderschöne Julia. Beide verlieben sich sofort ineinander. Nach dem Fest betritt Julia den Balkon ihres Zimmers und spricht mit der Nacht über ihre Liebe. Romeo, der sich in ihren Garten geschlichen hat, hört ihr Liebesgeständnis. Darauf gibt er sich zu erkennen, und noch in derselben Nacht beschließen beide, zu heiraten. Kurz darauf werden sie von einem Mönch, Pater Lorenzo, heimlich getraut. Nach der Hochzeit begegnen Romeo und sein Freund Mercutio dem Grafen Tybalt, einem Vetter Julias.
Es kommt zum Streit. Graf Tybalt tötet Mercutio im Gefecht und wird daraufhin von Romeo getötet. Der Fürst von Ve-

*Überall in Verona sieht man die Schwalbenschwanzzinnen der Skaligerbauten.*

**Verona** ist eine wunderschöne Stadt, in der es im Mittelalter wild zugegangen sein muß. Auf einem Torbogen steht das Standbild des Arztes und Gelehrten Fracastoro. Er hält einen Ball in der Hand. Die Veroneser sagen, daß er ihn auf den ersten ehrlichen Menschen fallen läßt, der durch den Torbogen schreitet. Fracastoro hält seinen Ball noch immer in der Hand.
Heute ist Verona eine sehr geschäftige Stadt mit fast 300000 Einwohnern. Nach Rom hat es die meisten Denkmäler aus der Antike, darunter das gut erhaltene Amphitheater, in dem jährlich Opernfestspiele aufgeführt werden.

rona verbannt ihn deshalb aus der Stadt. Aber Romeo möchte zuvor noch einmal Julia sehen und verbirgt sich bei Pater Lorenzo. Julia soll nach dem Willen ihres Vaters den Grafen Paris heiraten. Sie will nicht und kann natürlich auch nicht, da sie ja schon Romeos Frau geworden ist. Doch Pater Lorenzo weiß Rat. Er gibt ihr einen Schlaftrunk, damit die Capuleti ihr scheintotes Kind in der Familiengruft beisetzen, aus der es Romeo holen soll. Romeo kennt den Plan nicht und erfährt nur, daß seine geliebte Julia tot ist. Voller Verzweiflung begibt er sich an ihr Grab und nimmt sich dort mit Gift das Leben. Als Julia aus ihrem Schlaf erwacht, findet sie Romeo tot an ihrer Seite. Da ersticht sie sich mit seinem Dolch. So sind beide im Tode vereint.

## Wo die Zitronen blüh'n . . .
## *Ove fioroscono i limoni . . .*

Wer von Norden her nach Italien kommt, bemerkt hinter Trient die ersten Zypressen. Die schlanken Nadelbäume gehören zur italienischen Landschaft wie die Spaghetti zur italienischen Küche. Die Alpen sind überquert, und von nun an geht es abwärts, dem Meer entgegen.

Das erste »Meer« aber liegt noch eingeschlossen von hohen Bergen: der *Lago di Garda.* Natürlich ist der Gardasee kein salziges Meer wie die Adria, aber er ist das größte Gewässer Italiens. Vor rund hunderttausend Jahren ist dieser See von den Gletschern der Eiszeit ausgehöhlt worden. Er ist fast 52 Kilometer lang und mißt an der schmalsten Stelle 3, an der breitesten 17 Kilometer. Seine größte Tiefe beträgt 346 Meter. Der Gardasee ist der viertgrößte See Europas. Obwohl er mitten im rauhen Gebirge liegt, gedeihen an seinen geschützten Ufern schon Palmen, Feigen, Oliven, Zitronen und Orangen. Man erntet hier auch noch andere Zitrusfrüchte, zum Beispiel die runden, blaßgelben Bergamotten und die Pomeranzen, die auch Bitterorangen heißen. Beide kann man nicht essen, aber aus ihren Schalen gewinnt man stark duftende Öle für die Parfümherstellung.

### Einmal herum und einmal quer

Wer den Gardasee kennenlernen will, sollte wenigstens einmal die *Gardesana* benutzen. Diese berühmte und schöne Straße führt rund um den See. Sie verläuft teilweise in Tunnels und Galerien, und man hat immer wieder einen Ausblick auf das türkisblaue Wasser. Auf dem See verkehren auch Schiffe und sogar moderne Tragflügelboote, die *Aliscafi.* Sie erreichen Geschwindigkeiten bis zu 60 Stundenkilometer und überqueren den See an seiner breitesten Stelle in knapp einer Viertelstunde. Es macht natürlich großen Spaß, auf diesen Flitzern über den See zu fahren.

*Malcesine am Fuße des Monte Baldo.*

**Tips für Nichtsurfer**

Wer am Gardasee Ferien macht, und wem der Wassersport einmal zuviel wird, der sollte den *Monte Baldo* besteigen. Der Berg ist zwar nur 1720 Meter hoch, aber die Italiener nennen ihn zu Recht »Orto Botanico d'Italia«, den »Botanischen Garten Italiens«. Dort gibt es noch viele seltene und geschützte Alpenblumen. Von *Malcesine* (:maltschesine) aus geht auch eine Seilbahn auf den Gipfel.

## Ein Kriegsschiff am Gardasee

Wer möchte nicht einmal ein richtiges Kriegsschiff besichtigen? Kein Problem am Gardasee! In *Gardone* steht das Vorderteil davon mitten im Park der »Villa Vittoriale«, der »Siegesvilla«. Diese Villa ist ein verrücktes Museum, das an den italienischen Dichter *Gabriele D'Annunzio* erinnert. Er hat hier gelebt und viele merkwürdige Dinge zusammengetragen. Das Schiffsteil gehörte zu einem Kreuzer, den er selbst einmal befehligt hatte. Auch ein Flugzeug und alte Autos, die er benutzt hat, sind zu besichtigen.

Für die Italiener ist das Haus eine nationale Gedenkstätte, und man sollte über die vielen seltsamen Ausstellungsstükke nicht lachen – jedenfalls nicht so, daß es jemand merkt.

## Von Winden verweht

Der Gardasee ist heute für Windsurfer das, was Wimbledon in England für Tennisspieler ist: ein berühmter Sportplatz. Das hat seinen Grund in den stetigen Winden. Ein Wind bläst immer; am Vormittag weht er von Norden nach Süden, in den Nachmittagsstunden dreht er, und es geht in die andere Richtung. Die Ora weht nach Norden, der Ander nach Nordwesten und der Sova von Norden nach Süden. Auf diese Winde kann man sich verlassen, und ein geschickter Surfer schafft es, den Gardasee an einem Tag zu durchfahren.

# Autos und Zuckerwaren
## *Macchine e pasticcerie*

In *Torino,* zu deutsch Turin, dreht sich alles ums Auto. Es gibt dort kaum eine Familie, von der nicht wenigstens ein Mitglied in der Autoindustrie arbeitet. Die größte Firma ist FIAT, das bedeutet *Fabbrica Italiana Automobili Torino,* also »Italienische Automobilfabrik Turin«. Man stellt dort nicht nur Autos her, sondern auch Traktoren, Triebwerke, Lokomotiven, Flugzeuge, Instrumente und Teile von Kernkraftwerken. Die teuersten und schnittigsten Autos baut aber nicht Fiat, sondern die Firma *Lancia* (:lantscha), wörtlich übersetzt »Speer«. Einmal im Jahr findet in Turin der Automobilsalon statt, auf dem die bedeutendsten Autofirmen der Welt ihre neuesten Modelle zeigen. Das ganze Jahr offen ist das *Museo dell' Automobile,* das Automobilmuseum. 300 Oldtimer sind dort ausgestellt, darunter die schönsten Autos, die jemals gebaut wurden. Es gibt sogar eine Abteilung für die Geschichte der Automobilrennen.

Die Straßen in Turin sind breit und großzügig und schneiden sich alle rechtwinklig wie in New York. Allerdings stammt diese rechtwinklige Anlage der Straßen schon von den Römern, und es stehen hier auch keine Wolkenkratzer, sondern eher alte Paläste. Der Dom von Turin bewahrt eine Kostbarkeit auf, die jedoch nicht zu besichtigen ist: das Turiner Grabtuch. Es soll den Leichnam von Jesus Christus aufgenommen haben und zeigt Blutspuren, vor allem den Abdruck seines Gesichts. Das Tuch stammt zwar aus der Zeit Christi, aber es ist nicht bewiesen, ob es wirklich das Grabtuch von Jesus ist.

*Im Turiner »Autosalon« kann man jedes Jahr die neuesten Automodelle sehen.*

Die Stadt Mailand, für die Italiener *Milano,* hat 1,8 Millionen Einwohner und somit eine gute halbe Million mehr als Turin. Mailand ist ein Handels- und Industriezentrum. Das Leben ist hier aufregend, die Leute sind oft nervös. Man spürt nichts vom »Süßen Nichtstun«, vom »Dolce (:doltsche) far niente«.
Schön ist Mailand leider auch nicht, weil nach dem Krieg zu viele häßliche Gebäude errichtet worden sind. Der Mailänder Dom ist aber jedermann ein Begriff. 1386 fing man mit dem Bau an, und erst im vorigen Jahrhundert schloß man ihn ab. Immer ist die Dombauhütte damit beschäftigt, Schäden an den über 200 Steinfiguren auszubessern.
Ebenso berühmt wie der Dom ist das »Abendmahl«, ein Gemälde von *Leonardo da Vinci* (:wintschi), das in der Kirche *Santa Maria delle Grazie* zu besichtigen ist. Es ist stark verblaßt und hat eine sehr bewegte Geschichte hinter sich. Im Krieg schlug in unmittelbarer Nähe der Kirche eine Bombe ein, so daß das Wandgemälde ein Jahr lang Wind und Wetter ausgesetzt war.
Mailand und Turin haben eines gemeinsam: die Liebe zu Süßigkeiten. Die Italiener behaupten, in Turin werde die beste Schokolade der Welt hergestellt, was die Schweizer natürlich nicht gerne hören. Eine Spezialität Turins sind die *gianduiotti* (dschandujotti) eine Art Pralinen aus weichem Nougat, und die *baci di dama* (:batschi), die »Damenküsse«, ein Mandelgebäck. Und was wäre Mailand ohne seinen *panettone,* den großen lockeren Hefekuchen?

*Der Mailänder Dom ist das größte gotische Bauwerk in Italien. Er zieht fast soviele Fremden an wie der Petersdom in Rom.*

*Da die Italiener gerne im Freien sitzen und es in Mailand öfters regnet, gibt es dort glasüberdachte Galerien.*

# Auf dem Bauernhof
## *Alla fattoria*

Wenn deine Freunde erzählen, daß sie in den Ferien auf einer *cascina* (:kaschina) oder einer *fattoria* gewesen sind, dann heißt das, sie haben Urlaub auf einem Bauernhof gemacht. Italienische Bauernhöfe liegen inmitten von Feldern und Weinbergen. Oft sind es zum nächsten Dorf ein paar Kilometer. Die Kinder haben einen weiten Schulweg, manchmal bringt sie auch ein Schulbus in die nächste Stadt. Nach der Schule helfen sie noch auf dem Hof mit.

**Wo Hühner statt Hunde bellen**

Gewöhnlich erzeugen die Bauern fast alles, was sie zum Leben brauchen: Getreide, Kartoffeln, Gemüse, vor allem Tomaten, Obst und natürlich Viehfutter. Die meisten halten Hühner und Kaninchen, Schweine und Schafe. Manche haben auch Kühe, Ochsen und noch ein oder zwei Pferde. In Süditalien sind die Leute ärmer. Dort können sich nur wenige eine Kuh oder ein Pferd leisten, und viele sind froh, wenn sie ein paar Ziegen und einen Esel haben.

Ein ganz merkwürdiges Tier ist das Perlhuhn. Es stammt aus Afrika und wurde schon von den Römern gezüchtet. Die Italiener nennen es *faraona,* Pharaonenhuhn. Es ist sehr beliebt, denn es schmeckt besser als ein Haushuhn. Da es besonders wachsam ist und immer gleich fürchterlich schreit, erspart es manchmal sogar den Hofhund.

Speicher
essiccatoio
Werkstatt
magazzino
Geräte-
schuppen
deposito
Heuboden
fienile
Perlhuhn
faraona

## Wein und Oliven

Fast alle Bauern haben Weinstöcke und Olivenbäume. Auf den eigenen Wein sind sie besonders stolz. Sie keltern ihn oft noch selbst. Früher kamen die Nachbarn zum Keltern zusammen, und es gab immer ein lustiges Fest. Die Trauben wurden in riesige Holzbottiche geschüttet und dann im Takt der Musik mit nackten Füßen getreten. Manche Bauern machen es heute noch so. Dadurch werden die Trauben nicht so stark gepreßt wie in der Kelter, und der Wein schmeckt besser.

Wußtest du, daß man auch aus blauen Trauben Weißwein machen kann? Dazu muß der ausgepreßte Traubensaft von den blauen Traubenschalen getrennt werden, damit er nicht deren Farbe annimmt.

**Was du auf einer Cascina oder Fattoria kaufen kannst:**

| | |
|---|---|
| latte | Milch |
| formaggio | Käse |
| uova | Eier |
| salame | Wurst |
| miele | Honig |
| vino rosso | Rotwein |
| vino bianco | Weißwein |
| olio di oliva | Olivenöl |
| verdura | Gemüse |
| frutta | Obst |

Die Bauern verkaufen auch Wein. Wenn du an einer Fattoria vorbeikommst, siehst du oft ein Schild: »*Vino da vendere*« – »Wein zu verkaufen«. Manche bieten auch Olivenöl an, aber das wird immer seltener. Es ist eine

*In der Toskana werden Ochsen oft noch für die Weinernte eingespannt.*

**Tiere auf einem italienischen Bauernhof:**

| | |
|---|---|
| pollo | Huhn |
| tacchino | Truthahn |
| coniglio | Kaninchen |
| agnello | Lamm |
| pecora | Schaf |
| maiale | Schwein |
| mucca | Kuh |
| cavallo | Pferd |
| vitello | Kalb |
| asino | Esel |

recht mühselige Arbeit, die länglichen, etwa kirschgroßen Früchte des Ölbaums zu ernten. Deshalb lassen viele Leute die Oliven einfach am Baum verfaulen. Wer dennoch Oliven erntet, bringt sie in eine Olivenmühle. Dort werden die Oliven zwischen großen Mahlsteinen zerquetscht. Das erste frische Öl schmeckt besonders pfefferig.

### Sie machen es wie die Spanier

Von vielen Feldfrüchten sind in Italien zwei Ernten im Jahr möglich, vorausgesetzt, es gibt genügend Wasser. In manchen Gegenden ist Wasser im Sommer kostbarer als Wein. Von April bis Oktober regnet es nur wenig, und es wird oft unerträglich heiß. In der größten Hitze machen es die Italiener wie die Spanier: Sie halten eine Siesta. Sie nennen es zwar *riposo,* meinen aber dasselbe, eine sehr ausgedehnte Mittagspause. Die Bauern ziehen sich dann in ihre kühlen Häuser zurück und nehmen eine ausgiebige Mahlzeit ein.

*Die Oliven wurden früher so geerntet.*

*Weinkeltern auf alt-italienisch.*

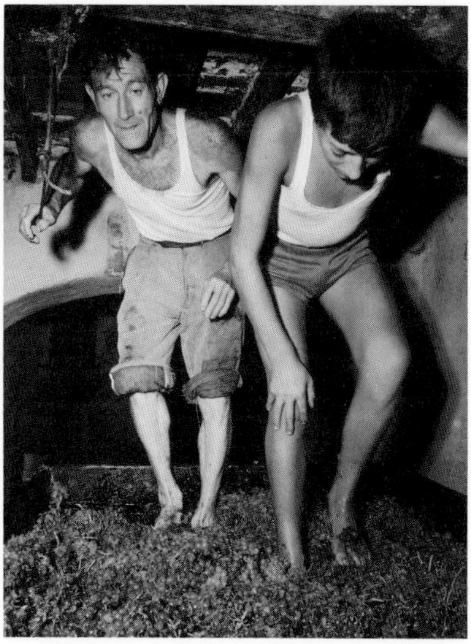

# Die Stadt im Wasser
## *La città nell'acqua*

Als der Hunnenkönig Attila im Jahre 452 mit seinen Kriegern in Italien eindrang und sich den Städten Aquileia, Vicenza, Verona und Padua näherte, flüchteten die Einwohner auf einige Inseln im Adriatischen Meer. Sie kannten das Wasser der Lagune, die Untiefen und gefährlichen Stellen, wo man im Schlick auf Nimmerwiedersehen versinkt. Die Hunnen dagegen, ein Steppenvolk, waren mit dem Wasser nicht vertraut. So fühlten sich die Flüchtlinge auf den Inseln fürs erste unter Mücken, Fröschen und im Schilf vor ihnen sicher. Wenn der Ansturm vorbei sei, so dachten sie, würden sie wieder in ihre Städte zurückkehren. Aber mit den Hunnen nahm die Völkerwanderung erst ihren Anfang. Noch Jahrhunderte später zogen immer wieder andere Völker durch Norditalien. Deshalb faßten die Flüchtlinge den Entschluß, auf den Inseln zu bleiben. Sie gingen daran, eine Stadt zu bauen. So entstand Venedig, *Venezia.*

### Auf Holz gebaut

Venedig steht nicht auf einer, sondern auf mehr als hundert kleinen Inseln. Diese sind aber nicht aus festem Gestein, sondern aus zähem Schlick oder Sand. Wie soll man darauf Häuser oder gar Kirchen bauen? Also mußten die Flüchtlinge festen Boden schaffen. Sie holzten das umliegende Festland ab und bohrten Baumstamm für Baumstamm in den Schlamm. Mit einem Ge-

*Einmal im Jahr fahren die prunkvollen Gondeln den Canal Grande hinab.*

misch aus Sand und Teer verkitteten sie die Stämme. Unvorstellbare Mengen Holz haben die Lagunenbewohner verbraucht. Der *Campanile*, der Glokkenturm auf dem Markusplatz, soll auf 100000 Baumstämmen stehen!

Vom 10. bis zum 17. Jahrhundert war Venedig die größte See- und Handelsmacht der damals bekannten Welt. Ungeheure Reichtümer aus allen Erdteilen flossen in die Stadt. Die Venezianer bauten prächtige Paläste, die wir heute noch bewundern. Allein am 3800 Meter langen *Canal Grande* stehen fast 200 dieser *palazzi.* Und es gibt über 100 Kirchen. Besonders berühmt ist der Markusplatz mit dem Dom und dem Dogenpalast. Der *Doge* (:dodsche) war der Herrscher der Seerepublik. Aus seinem Palazzo mit den vielen Sälen hatte er einen weiten Blick aufs Meer, von wo aller Reichtum kam. Der größte Raum in diesem Palast ist der des Großen Rates. Er ist über 50 Meter lang und 25 Meter breit und 12,5 Meter hoch. An die glanzvolle Zeit von Venedig erinnert noch die *Regata storica,* eine Regatta, die am ersten Sonntag im September auf dem Canal Grande stattfindet.

### Venedig wird gerettet

Venedigs Zukunft sieht allerdings düster aus. Seit ihrer Gründung ist die Stadt schon um 3 Meter gesunken – daher wird zum Beispiel der Markusplatz im Herbst und Winter immer wieder überschwemmt. Im Canal Grande und in den vielen kleinen Kanälen, die statt Straßen die Stadt durchziehen,

*Früh übt sich, wer einmal ein rechter Gondoliere werden will. Die Rudertechnik ist sehr schwer zu erlernen.*

*Venedig hat über 150 Kanäle und mehr als 400 Brücken. Der ganze Verkehr in der Stadt spielt sich auf dem Wasser ab.*

*Die Tauben auf dem Markusplatz stammen daher, daß früher die unterworfenen Staaten dem Dogen immer Taubenpärchen schickten.*

fuhren früher gemächlich Gondeln und Ruderboote. Heute flitzen Motorboote auf den Wasserwegen und werfen hohe Wellen, die in den Kanälen nur langsam zur Ruhe kommen. Diese Wasserbewegung rüttelt Tag und Nacht am Fundament der Stadt, so daß es langsam zerbröckelt und die Gebäude allmählich im Wasser versinken. Auch die Abwässer, die die Industrie auf dem Festland, ungefähr 5 Kilometer von Venedig entfernt, in großen Mengen in die Lagune einleitet, zerstören die Fundamente. Um Venedig zu retten, will man die Lagune mit einem künstlichen Gürtel abschließen und den Wasserstand regeln.

*Venedig von der Lagune aus.*

*Auf der Glasbläserinsel Murano gibt es noch kleine Familienbetriebe. Schon die Kinder sind mit dem Glasblasen vertraut.*

**Das zerbrechliche Museum**

Vor 700 Jahren gab es in Venedig schon große Glashütten in der Umgebung der Rialto-Brücke. Hundert Jahre später wurden sie auf die einsame Insel Murano in der weiten venezianischen Lagune verlegt. Die Venezianer waren nämlich die unbestrittenen Meister der Glasbläserkunst. Die Stadt wurde aber von vielen Fremden besucht, die gerne die Herstellungsweise ausspioniert hätten. Deshalb entzog man sie den neugierigen Blicken. Dennoch verbreitete sich die Glasbläserkunst ausgehend von Venedig bald über ganz Europa. Heute kann man den Glasbläsern auf Murano zusehen, und niemand fürchtet mehr, daß Geheimnisse entdeckt werden. Die Werke der alten Glasbläsermeister sind für jedermann im Glasmuseum *(Museo Vetrario)* in Murano zu bewundern.

**Unterwegs in Venedig**

Gondelfahren ist schön, aber teuer. Wolltest du auf allen Kanälen und unter allen 400 Brücken hindurchfahren, so würde dies ein Vermögen kosten. Viel billiger ist das Vaporetto, das Motorschiff. Wenn du zu Fuß durch Venedig gehst, solltest du immer einen Stadtplan dabei haben. Im Notfall fragst du nach dem Markusplatz: *»Dov' è la Piazza San Marco?«*

# Seefahrer und Seeräuber
## *Marinai e pirati*

»Anker lichten, wir legen ab!« kommandierte Christóbal Colón am 3. August 1492 im spanischen Ort Palos am Atlantischen Ozean. Langsam entfernten sich die drei bauchigen Karavellen vom Ufer. Auf dem offenen Meer nahmen sie direkten Kurs auf West-Südwest. Die Seeleute fühlten sich nicht wohl dabei. Noch niemand vor ihnen hatte eine solche Reise unternommen. Gerüchten zufolge müßten sie im Westen, am Rande der Erdscheibe, ins Bodenlose fallen, so wie ein Teller vom Tisch fällt. Der Kapitän glaubte dies alles nicht. Er hatte die spanische Königin Isabella davon überzeugen können, daß die Erde nicht flach, sondern rund sei, und daß im Westen Land liege – Indien mit all seinen Schätzen! Die Mannschaft munkelte, der Kapitän sei gar kein Spanier, sondern stamme aus der Stadt Genua und heiße eigentlich Cristóforo Colombo. Wir kennen ihn heute als Christoph Kolumbus; er hat Amerika entdeckt.

### Das Tor zur Neuen Welt

Die Hafenstadt Genua, auf italienisch *Genova* (:dschenowa), ist nicht nur durch Kolumbus mit Amerika verbunden. Sie war oft auch die letzte heimatliche Stadt, die italienische Auswanderer im vorigen Jahrhundert zu sehen beka-

*In Genua, dem größten italienischen Hafen, machen Schiffe aus aller Welt fest.*

men. Denn von Genua aus fuhren viele Auswandererschiffe in die Neue Welt. Damals mußten Hunderttausende von Italienern ihr Land verlassen, weil sie keine Arbeit fanden. Heute gibt es in den USA rund zehn Millionen Menschen italienischer Abstammung. Sie sind oft noch mit ihrer einstigen Heimat so eng verbunden, daß sie sich in eigenen Stadtvierteln zusammenschließen und wie in Italien leben.

Genua ist heute der größte Seehafen Italiens. Man kann ihn auf einer Hafenrundfahrt besichtigen. Überall herrscht ein geschäftiges Treiben. Da werden riesige Schiffe von kleinen, kräftigen Schleppern an ihren Platz bugsiert; dort fahren Dutzende von Autos in den großen Bauch des Fährschiffes nach Sardinien. Auf langen Molen löschen Kräne die Ladung großer Frachter. Und in den Werftanlagen werden rostige Schiffe überholt und neu hergerichtet.

Die Stadt Genua liegt dort, wo die Alpen ins Meer abfallen. Besonders die neuen Stadtviertel mit ihren hohen Häusern mußten an Steilhängen gebaut werden. Straßen und Wege sind sehr abschüssig. Das macht es den Genueser Kindern schwer, Rad zu fahren oder Fußball zu spielen.

### Wo die Seeräuber zuhause waren

Das gebirgige Küstengebiet um Genua heißt Ligurien. Wenn man die berühmte Küstenlandschaft westlich von Genua meint, spricht man auch von der »Riviera«. Wer mit dem Auto durch diese Ge-

*Die Steilküste um Genua zählt zu den schönsten Landschaften der Welt.*

gend fährt, dem fällt auf, daß ganze Hänge unter Glas stehen – ein einziges Treibhaus. Dort züchten Gärtner das ganze Jahr über Nelken, die sie vor allem nach Deutschland verkaufen. Nicht weit von Genua liegen die *Cinqueterre* (:tschinkueterre), die »fünf Länder«. Die Küste ist dort so steil, daß man schon fast ein Bergsteiger sein muß, um hinaufzuklettern. Noch vor fünfzig Jahren war dieses Gebiet von der Außenwelt nahezu abgeschlossen. Weder Straßen noch die Eisenbahn führten dorthin. Die fünf Dörfer dieses Küstenabschnitts waren einst gefürchtete Seeräubernester. Niemand konnte es wagen, die Piraten dort anzugreifen. Heute gibt es keine Seeräuber mehr. Die Cinqueterre sind ein Badeparadies, und die Nachfahren der Seeräuber leben jetzt davon, daß sie die Küste an Badegäste vermieten.

# *Pinocchio*

Es war einmal ein Schriftsteller, der hieß Carlo Lorenzini und lebte in Florenz. Er aß zuviel, trank zuviel, rauchte zuviel und spielte vor allem zu viel und hatte deswegen gewaltige Schulden. So war er froh, als ihn der Besitzer einer Kinderzeitschrift aufforderte, für ihn zu arbeiten. Lorenzini, der sich nach dem Geburtsort seiner Mutter »Collodi« nannte, schrieb eine spannende Fortsetzungsgeschichte.
Die Geschichte fängt so an: »Es war einmal ein Stück Holz. – Das Holz konnte reden, und Geppetto (:dschepetto), ein armer alter Mann, schnitzte daraus eine Puppe«. Nun weiß es natürlich jeder: es ist Pinocchio (:pinokkio), heute auch ein Film- und Fernsehstar!

**Nichts für Musterknaben**

Damals war Pinocchio noch keine Comic-Figur, aber er konnte schon laufen und sprechen. Es ergeht ihm wie allen Kindern: Er will brav sein, schafft es aber nicht. Da er auf die Erwachsenen nicht hört, muß er die Folgen selbst tragen. So kommt es, daß er sich die Füße am Feuer verbrennt und Geppetto ihm neue schnitzen muß. Als er von seinem bettelarmen Vater eine Fibel geschenkt bekommt, geht er nicht in die Schule, sondern er verkauft das Buch und besucht dafür ein Kasperltheater. Dort bringt er alles durcheinander, und der Theaterdirektor wird so wütend, daß er ihn verbrennen will. Schließlich hat er aber doch Mitleid mit ihm und schenkt ihm sogar ein paar Goldstücke. Mit dem Gold fällt Pinocchio aber unter die Räuber, einen lahmen Fuchs und eine blinde Katze, die ihn an einer Eiche aufhängen. Die Fee mit den himmelblauen Haaren rettet ihm schließlich das Leben und pflegt ihn gesund. Weil er aber undankbar ist und lügt, wächst ihm eine riesenlange Nase, die ihm Spechte wieder auf die richtige Länge zurückhakken. Als er wieder einmal etwas ausgefressen hat, flieht Pinocchio ans Meer. Dort gerät er in das Netz eines Fischers, der sich überlegt, ob er den seltenen Hampelmannfisch kochen, braten oder räuchern soll. Pinocchio packt die Angst und Verzweiflung. Da rettet ihn ein Hund, bevor er verspeist wird. Pinocchio stellt immer wieder etwas an, und immer wieder hilft ihm die gute Fee. Weil er im Grunde nicht böse ist, wacht er eines Morgens als richtiger Menschenjunge auf. Die armselige Hütte, in der er lebte, ist ein schönes Haus geworden, und an seinem Stuhl lehnt ein Hampelmann aus Holz.
Die Geschichte von Pinocchio gehört zu den bekanntesten und beliebtesten Kinderbüchern. Sie wurde in 87 Sprachen übersetzt. Allein in Deutschland wurden eine halbe Million Bücher davon gedruckt. Pinocchio ist bei uns auch unter dem Namen »Hölzernes Bengele« oder »Zäpfelkern« bekannt. Collodis ›Pinocchio‹ erschien 1883 zum ersten Mal in Italien, mit lustigen Zeichnungen von E. Mazzanti, die du hier siehst.

*Pinocchio, der Held*

*Pinocchio fällt unter die Räuber*

*Pinocchio als Hofhund*

*Pinocchio wird fast gebraten*

*Pinocchio wird vom Walfisch verschluckt*

*Ende gut – alles gut*

## Wir schnorcheln
*Ci tuffiamo*

Manche halten es drei Wochen am Strand aus, ohne sich auch nur eine Minute zu langweilen. Sie schnorcheln. Um in die geheimnisvolle Welt unter Wasser einzudringen, brauchst du keine besondere Ausrüstung. Das wichtigste ist eine Tauchermaske, eine *maschera* (:maskera). Sie muß fest am Gesicht abschließen, damit an den Rändern kein Wasser eindringen kann. Halte nun den Kopf unter Wasser – plötzlich siehst du den Meeresboden gestochen scharf! Versuche es während des Schwimmens: flach auf das Wasser legen und langsam über Berge und Täler des Meeresbodens schwimmen. Am besten geht es mit den *pinne,* den Flossen, die wir leicht bewegen.

*Wer so tief tauchen will, braucht ein Atemgerät.*

Leider beschlägt sich die Tauchermaske recht schnell, und du siehst nichts mehr. Dagegen hilft ein einfaches Mittel: kräftig in das Innere der Maske spucken und die Spucke verreiben, dann mit Meereswasser ausspülen. Noch besser ist es, die Innenseite der Glasscheibe mit Algen auszuwischen.

### Tauchen ohne zu schlucken

Damit man den Kopf nicht immer wieder hochheben muß, um Atem zu schöpfen, haben die meisten Tauchermasken einen Schnorchel. Das ist ein ungefähr 30 Zentimeter langes Kunststoffrohr mit einem Mundstück aus Gummi. (Schnorchel mit einem Plastikbällchen am offenen Ende sind beim Tauchen nicht praktisch.) Nimm das Mundstück in den Mund, befestige den Schnorchel an der Halterung der Maske und atme während des Schwimmens ruhig ein und aus. Du kannst nun den Kopf dauernd unter Wasser halten, Fische beobachten und dennoch atmen.

Wenn du auf den Meeresboden tauchst, um zum Beispiel eine Muschelschale heraufzuholen, solltest du eine lange Zange und ein Netz dabei haben. Atme zuerst ein paarmal kräftig durch und fülle die Lungen über die Hälfte mit Luft. Dann streckst du die Beine aus dem Wasser in die Höhe, und sofort tauchst du schnell unter. Dabei hörst du ein eigentümliches Geräusch: Der Schnorchel hat sich mit Wasser gefüllt. Daran mußt du denken, wenn du wieder auftauchst: Atme zuerst durch den Schnorchel kräftig aus!

Schnorcheln ist am schönsten an Felsküsten, weil dort die Tiere und Pflanzen gut zu sehen sind. Auf Sandboden graben sich die Tiere tagsüber ein und kommen nur nachts an die Bodenoberfläche. Doch hat fast jeder Sandstrand, zum Beispiel an der Adria, vor der Küstenlinie Wellenbrecher aus großen Felsblöcken, wo du viele Tiere beobachten kannst. Dazu mußt du allerdings sicher schwimmen können.

*Die Insel Elba gehört zur Provinz Livorno.*

**Elba** ist eines der Schnorchelparadiese Italiens. Die Insel liegt nur 10 Kilometer vom Festland entfernt. Ihre 147 Kilometer lange Meeresküste hat Buchten, Sandstrände, Felsküste, Höhlen und Klippen und sauberes Wasser. Die Insel ist auch für ihre schönen Steine und Mineralien bekannt. Das Fremdenverkehrsamt der Insel hat eine Karte herausgegeben, in der die wichtigsten Mineralienfundorte eingetragen sind. Dort darf jeder, mit einem Hammer bewaffnet, suchen. Viel Glück!

## Geld wie Heu
## *Soldi a palate*

Florenz wurde im Frühjahr gegründet; daher kommt der Name *Firenze*, die »Blühende«. Der große Feldherr Caesar bezeichnete so sein Militärlager, das er an der Furt des Arno, dem wichtigsten Flußübergang, errichtete. Das war vor über 2000 Jahren. Daß aus dieser Kaserne eine der bedeutendsten Städte Europas wurde, ist das Verdienst der *Medici* (:meditschi). Diese reiche Kaufmannsfamilie gehörte im 13. Jahrhundert zum *»popolo grasso«*, zum »fetten Volk«. Die Medici hatten ein riesiges Vermögen mit Tuchmacherei, Seidenweberei und Geldwechselgeschäften verdient und zählten zu den wohlhabendsten Familien der damals bekannten Welt. Zu den »Fetten« von Florenz gehörten die Kaufleute, Seidenwirker und Pelzhändler, die Ärzte und Apotheker, die Rechtsanwälte und Notare – nicht viel anders als heute. Das *»populo minuto«*, das »magere Volk«, bestand aus den Handwerkern, den Öl- und Weinbauern, und das waren die meisten. Wie überall regierten auch in Florenz die Reichen über die Armen.

### Größer, schöner, prächtiger

Nach einem Aufstand wurde einer der reichen Medici zum Führer der Stadt gewählt. Von nun an wurden die Medici zur mächtigsten Familie in Florenz.

*Der Dom von Florenz zählt zu den gewaltigsten Bauwerken Italiens.*

*Wer die Kunstwerke in den Uffizien kennenlernen will, nimmt besser einen Führer.*

Schon bald machten sie sich selbst zu Fürsten und regierten, wie es ihnen beliebte. Ihr ungeheurer Reichtum erlaubte es ihnen, Florenz zu der schönsten Stadt des mittelalterlichen Italiens zu machen. Florenz hatte damals bereits etwa 100000 Einwohner, etwa fünfmal soviel wie Rom zu jener Zeit. Die Florentiner hatten sich schon vor der Herrschaft der Medici an den Bau eines Doms gewagt, der alles in den Schatten stellen sollte, was es bisher gab. Sie wollten ein Bauwerk errichten »von der höchsten Schönheit und prächtigsten Großartigkeit, daß Menschen nichts Größeres und Schöneres schaffen können«. So legten sie den Grundstein für die damals größte Kirche der Welt. Die Kuppel dieser gewaltigen Kathedrale ist mit der Spitze 114 Meter hoch. Sie wurde erst unter den Medici von dem berühmten Baumeister *Brunelleschi* (:brunelleski) fertiggestellt. Den Stadtvätern war nämlich vorher das Geld ausgegangen. Heute zieht der Dom jährlich Hunderttausende von Touristen an. Florenz hat fast 80 Kirchen, hinzu kommen noch weit über 150 Paläste, von denen manche ungeheure Ausmaße haben. Der »Palazzo Pitti« zum Beispiel ist über 200 Meter lang und 36 Meter hoch! Der reiche Kaufmann Pitti hatte sich dieses Schloß bauen lassen, um die Medici zu übertreffen. Die Fenster waren größer als die Türen des Medici-Palastes. Über dieser Großmannssucht ging die Familie Pitti bankrott. Der halbfertige Palast wurde dann – natürlich – von den Medici gekauft und zu Ende gebaut.

*Vom Palazzo Vecchio aus machten die Medici Politik in der ganzen Welt.*

*Der Ponte Vecchio ist die älteste Brücke über den Arno.*

## Brot für die Kunst

Rund 400 Jahre waren die Medici an der Macht. In dieser Zeit wetteiferten die italienischen Städte untereinander und warben sich gegenseitig die bedeutendsten Künstler ab. Doch wer wollte schon gegen den Reichtum der Medici bestehen? Da Künstler auch leben müssen, sammelten sie sich da, wo sie mit ihrer Kunst am meisten verdienen konnten: in Florenz.

Über 250 Künstler aus allen Teilen Italiens, aber auch aus den Niederlanden, aus Spanien, Frankreich und Deutschland, lebten während der Medici-Herrschaft in Florenz. Dazu zählten so berühmte Baumeister und Bildhauer wie Brunelleschi und Michelangelo (:mikelanschelo), so berühmte Maler wie Leonardo da Vinci (:wintschi) und Raffael. Diese Künstler schufen im 15. und 16. Jahrhundert einen neuen Kunststil, die Renaissance (:rönässanß). Renaissance heißt Wiedergeburt; die Kunst der Antike der alten Griechen und Römer erlebte damals eine neue Blüte.

## Silber stinkt nicht

Florenz ist eher eine Stadt für Erwachsene und Kunstbegeisterte. Die Kinder gehen gern auf den *Ponte Vecchio* (:ponte vekkio). Auf dieser ältesten Brücke von Florenz trifft sich die ganze Welt. Die Brücke war schon vor den Medici da. Früher hatten hier die Fleischer ihre Geschäfte; sie warfen ihre Abfälle gleich in den Arno. Das hat nicht immer gut gerochen und die Nase eines Medicifürsten beleidigt. Deshalb hat er im 16. Jahrhundert bestimmt, daß in Zukunft nur noch Silberschmiede auf der Brücke ihre Läden haben sollten. Und so gibt es bis heute auf der Brücke Juweliergeschäfte.

Nach Florenz kommen auch viele Leute, die nur das berühmte Venusbild des italienischen Malers *Botticelli* (:bottitschelli) sehen wollen. Es hängt zusammen mit über 4000 anderen berühmten Gemälden in den *Uffizien,* einer der bedeutendsten Gemäldesammlungen der Welt. Leider ist der riesige Palast mit seinen 45 Sälen manchmal geschlossen – immer wenn in Italien gestreikt wird. Das kommt schon ein paarmal im Jahr vor, und es heißt auf italienisch *fare lo sciopero* (:schopero). Wer beim »Sciopero« nicht in die Uffizien kommt, kann den vielen Künstlern zusehen, die vor dem Museum malen. Manche träumen davon, daß ihre Bilder eines Tages auch in dem Museum hängen.

*Der »David« vor dem Palazzo Vecchio ist von Michelangelo.*

*Ein Michelangelo wäre gern jeder, der in Florenz als Künstler arbeitet.*

## Der ungläubige Professor
## *Il professore miscredente*

Stell dir vor, jemand steigt auf einen Turm und wirft Steine hinunter! Und das vom Schiefen Turm in Pisa! Wer schon einmal in Pisa war, weiß, daß man nichts vom Schiefen Turm fallen lassen kann, ohne jemanden am Kopf zu treffen. Denn Tag für Tag stehen unten Hunderte von Menschen und schauen hinauf.

Damals, vor fast vierhundert Jahren, standen auf dem Platz vor dem Turm sicher nicht so viele Menschen. So konnte Galileo Galilei hier auch seine Versuche wagen. Ob er wirklich Steine vom Turm geworfen hat, um ihre Fallgeschwindigkeit zu messen, weiß kein Mensch. Aber es wäre ihm schon zuzutrauen gewesen. Denn Galileo Galilei mußte alles ausprobieren. Als Physiker und Naturwissenschaftler glaubte er nur, was er durch Versuche nachprüfen konnte. Er war auch sicher, daß sich die Erde um die Sonne dreht.

### Wie schief ist der Schiefe Turm?

Der Turm von Pisa, der *Campanile,* war zu Galileis Zeiten nicht so schief wie heute. Der berühmte Baumeister *Bonanno Pisano* hatte im Jahr 1173 mit dem Bau des Glockenturmes begonnen. Als das Bauwerk schon rund 11 Meter hoch war, gab der Boden nach, und der Turm sackte an einer Seite um gut 15 Zentimeter ab. Die Baumeister

*Der »Platz der Wunder« in Pisa ohne Menschen – das ist ein Wunder!*

setzten einfach das dritte und das fünfte Stockwerk etwas aus der Neigung, weil sonst der Turm vermutlich schon damals das Übergewicht bekommen hätte. Nach fast 180 Jahren Bauzeit war er endlich fertig, rund 55 Meter hoch und immer noch schief. Und er senkt sich weiter, Jahr für Jahr um einen Millimeter, in zehn Jahren um einen Zentimeter. Heute hängt der Turm an einer Seite um mehr als fünf Meter über. Niemand weiß, wie lange er noch stehen bleibt. Doch keine Angst: Man mißt täglich mit höchst genauen Instrumenten die Neigung; wenn es wirklich gefährlich wird, sperrt die italienische Polizei die *Piazza dei Miracoli,* den Platz der Wunder, ganz bestimmt ab.

**Das Treiben auf dem Arno**

Pisa lag einst am Meer und war ein berühmter Seestaat wie Genua, Venedig und Amalfi. Der Arnofluß, an dem auch Florenz liegt, hat immer mehr Sand und Geröll an seiner Mündung abgelagert, so daß die Küste sich immer weiter von Pisa entfernte. Im Mittelalter war der Arno ein vielbefahrenes Gewässer, und kleinere Schiffe gelangten auf ihm mitten in die Stadt. Pisa besaß viele Schiffe und trieb mit allen Mittelmeerländern Handel. Zur Erinnerung an diese große Zeit gibt es jedes Jahr am 17. Juni eine Regatta, die abwechselnd in einer der vier alten Seerepubliken ausgetragen wird. In Pisa findet die Wettfahrt auf dem Arno statt.

# Pferderennen in Siena
## *Il Palio di Siena*

Vielleicht das schönste Fest von ganz Europa gibt es in Siena: ein Pferderennen mitten in der Stadt, rund um den großen muschelförmigen Marktplatz, die »Piazza del Campo«. Das Rennen selbst dauert nur ein paar Minuten, aber die Vorbereitungen dazu halten die Stadt tagelang in Atem.

Verschiedene Stadtteile, die in Siena »Contrade« heißen, stellen je einen Reiter für das Rennen. Drei Tage vorher werden die Pferde unter den Teilnehmern ausgelost. Der Jubel ist groß, wenn eine Contrada ein gutes Pferd zieht. Wer Pech gehabt hat, versucht den Gegner mit List und Tücke auszuschalten. Da heißt es aufpassen und das Pferd an einem sicheren Ort verstecken! Am Vorabend des Rennens werden die Pferde in den Kirchen der einzelnen Contrade gesegnet. Dann gibt jede Contrada ein Festessen in den Straßen ihres Viertels.

Am Renntag ist die ganze Stadt mit Flaggen und bunten Tüchern geschmückt. Immer mehr Menschen strömen herbei, immer voller werden die Gassen und Plätze. Gegen Abend, sobald es kühler geworden ist, ziehen die Vertreter jeder Contrada mit Trommeln und Fanfarenklängen zum Dom, um den Bischof zu grüßen. Dort zeigen die Fahnenschwinger unter dem Beifall der Zuschauer ihre Kunststücke. Viele Bürger in prächtigen mittelalterlichen Gewändern schließen sich dem Zug an: Pagen, Musikanten, Armbrustschützen, Lanzenträger, Ritter zu Pferde. Sie erreichen schließlich den Marktplatz, in dessen Mitte inzwischen etwa fünfzigtausend Menschen dichtgedrängt stehen. Den Schluß des Zuges bildet der von vier weißen Stieren gezogene Triumphwagen mit dem *Palio*, einem langen, kunstvoll verzierten Seidentuch als Siegesprämie, das der Veranstal-

*Der Palio wird in die Arena gefahren.*

*Junger Fahnenschwinger einer Contrada.*

*Das Rennen um den muschelförmigen Platz ist kurz, aber gefährlich.*

tung den Namen gegeben hat. Ein wahres Freudengeschrei braust den Ankommenden entgegen. Dann wird es plötzlich still auf dem Campo: Die Reiter haben ihre ungesattelten Pferde vor die *mossa* dirigiert, das gespannte Hanfseil. Das Rennen geht los!

### Alles oder nichts

Das Startseil fällt, und sofort dröhnt ein orkanartiges Gebrüll aus Anfeuerung und Beschimpfung durch die ganze Stadt. Die Reiter kämpfen mit allen Mitteln. Erlaubt ist, was nützt, selbst das Dreinschlagen auf Pferde und Gegner. Nur der Sieg zählt. Nach drei schrecklichen und gefährlichen Runden ist alles zu Ende. Es gibt ein paar verletzte Reiter, einige ohnmächtig gewordene Zuschauer und einen großen Helden: das Pferd der siegreichen Contrada. Nur das Pferd gewinnt, auch wenn es ohne Reiter ins Ziel kommt. Die Mitglieder der siegreichen Contrada weinen vor Glück. Sie feiern ein ausgelassenes Freudenfest bis in den frühen Morgen.

**Siena** ist eine wunderschöne mittelalterliche Stadt in der Toskana. Sie ist auf drei Hügeln erbaut und hat etwa 70000 Einwohner. Der Platz mit dem gotischen Rathaus ist einer der schönsten der Welt. Für das Pferderennen wird rund um den Platz eine Bahn aus Tonerde aufgeschüttet, damit die Pferde auf dem Pflaster nicht stürzen. Siena hat einen Dom, der wie ein Zebra gestreift ist. Er ist aus schwarzem und weißem Marmor gebaut. Und in Siena gibt es den »Panforte«. Das ist ein Kuchen aus Honig, Nüssen, Mandeln und kandierten Früchten. Der Palio findet zweimal im Jahr statt: am 2. Juli und am 16. August.

## Romulus und Remus
## *Romolo e Remo*

Der Hirte Faustulus kannte das Zeichen: Seine Schafe wurden unruhig. Sie drängten sich zusammen und fürchteten sich. Ein Wolf mußte in der Nähe sein! Faustulus machte sich mit anderen Hirten auf die Suche. Als sie an den Tiberfluß kamen, trauten sie ihren Augen nicht: Da stand eine große Wölfin und gab zwei kleinen Knaben Milch zu trinken. Ein Zeichen der Götter!
Die Wölfin verschwand sofort. Faustulus nahm die beiden Säuglinge mit nach Hause, und seine Frau zog sie wie ihre eigenen Söhne auf. Die beiden Findelkinder hießen Romulus und Remus und waren Söhne des Kriegsgottes Mars und einer Königstochter. Ihr Großonkel hatte sie auf dem Tiber aussetzen lassen. Doch blieb der Holzkasten, in dem sie lagen, an einem Feigenbaum hängen. So wurden die Knaben gerettet und später erkannt. An der Stelle, wo man sie gefunden hatte, gründeten Romulus und Remus im Jahre 753 v. Chr. die Stadt Rom. Dabei kam es zum Streit zwischen den Zwillingen. Als Romulus die Stadt durch Mauern befestigen ließ, fand Remus dies lächerlich. Das erboste Romulus so sehr, daß er seinen Bruder erschlug. So gilt der Sage nach Romulus als der eigentliche Gründer von Rom.

**Der Mittelpunkt des Weltreiches**

Im Laufe der Jahrhunderte wurde Rom zur größten Stadt des Altertums. Zur Zeit um Christi Geburt hatte sie wohl schon über 1 Million Einwohner. Das Römische Reich dehnte sich damals über die ganze bekannte Welt aus. Im

*Die säugende Wölfin ist das Wahrzeichen Roms.*

Jahr 100 n. Chr., unter Kaiser Trajan, erstreckte es sich von Südengland bis Nordafrika, von Portugal bis ans Schwarze Meer.
Wie war es überhaupt möglich, daß aus einer einzigen Stadt ein solch gewaltiges Reich entstand? Nun, die Römer waren ein kriegerisches Volk und ihre Soldaten den anderen überlegen. So unterwarfen sie ein Volk nach dem anderen.

**Die grausamen Spiele**

Ihr kriegerisches Wesen erkennt man auch an ihren Spielen, zum Beispiel den Gladiatorenkämpfen. Dabei ging es um Leben und Tod. Die Gladiatoren waren meist Kriegsgefangene, die gegeneinander – oft mit ungleichen Waffen – kämpfen mußten. Dem Sieger wurde die Freiheit geschenkt. Hatte ein Gladiator einen anderen besiegt, so schaute er sich in der Arena um, ob die Zuschauer den Tod des Unterlegenen wünschten oder nicht. Ein nach unten gestreckter Daumen bedeutete »Tod«; zeigte der Daumen aber nach oben, so ließ man Gnade walten. Im Sinne von »gut« und »schlecht« hat sich das Zeichen bis heute erhalten.
Besonders grausam waren auch die Kämpfe mit wilden Tieren. Zum Beispiel mußten die Gladiatoren oft mit bloßen Händen gegen Löwen kämpfen.

## Die Stadt auf den 7 Hügeln
## *La città sulle 7 colline*

Rom war das Zentrum des Römischen Reiches und ist heute die Hauptstadt Italiens. Im Altertum war es der Mittelpunkt der Welt, und wir sagen heute noch »alle Wege führen nach Rom«. Ein römischer Dichter hat sie die »Ewige Stadt« genannt. Sie besteht seit über 2700 Jahren. Zur Zeit der römischen Kaiser hatte sie zwischen 600000 und 2 Millionen Einwohner, war also auch nach heutigen Begriffen eine Weltstadt. Jetzt leben in Rom fast 3 Millionen Menschen.

Der Palatin ist einer der sieben Hügel, auf denen Rom erbaut wurde. Hier stand die erste Stadt, die Romulus gegründet hat. Die meisten Könige und Kaiser ließen auf dem Palatin ihre Paläste errichten. Von hier aus hat man auch einen weiten Blick auf alle römischen Marktplätze. Der größte ist das »Forum Romanum« mit seinen gewaltigen Tempelruinen. Es war die Stadtmitte. Dort stellten die siegreichen Kaiser und Feldherrn ihre Triumphbögen auf. Die Figuren auf den Mauern erzählen von den Taten der Krieger, von Schlachten und Siegen. In der großen Basilika, deren Überreste man noch sehen kann, wurde Gericht gehalten. Hier

*So sah das Forum Romanum vermutlich zur Römerzeit aus ...*

schlossen die Römer auch Verträge, hier wurden Staatsaufträge für Arbeiten vergeben, und hier saßen die Rechtsanwälte. Aus diesen römischen Markthallen entstanden später die Kirchen der ersten Christen.

### Im alten Rom

Vom Marktplatz führten etwa 6 Meter breite Straßen weg. Sie waren mit großen Lavasteinen gepflastert, die teilweise noch erhalten sind. Auf den Straßen verkauften die Händler Obst und Blumen, Parfüm und Stoffe. Auch Apotheker, Friseure, Schlosser, Messerschmiede und viele andere betrieben ihr Gewerbe im Freien. In den meisten Häusern um das Forum befanden sich Kaufläden und Werkstätten.

Ganz in der Nähe des Forums lag auch das Kolosseum, ein wahrhaft kolossales Amphitheater, das 50000 Menschen Platz bot. Dort fanden die Gladiatorenkämpfe und sogar Seeschlachten statt. Die Römer ließen zu diesem Zweck das Theater voll Wasser laufen und setzten richtige Schiffe ein. Die Besatzungen kämpften um Leben und Tod. Später ließ Kaiser Nero im Kolosseum die Christen grausam sterben. Sie mußten oft mit wilden Tieren kämpfen. Die Christen begruben ihre Toten dann in kilometerlangen unterirdischen Gängen, den Katakomben, die man

*... und das ist davon übrig geblieben.*

heute noch teilweise besichtigen kann. Die Wagenrennen im Circus Maximus zogen noch mehr Menschen an als die Schauspiele im Kolosseum. Der Circus Maximus war ein riesiges Stadion, in dem 200000 Menschen Platz hatten.

**Rom – eine große Badeanstalt**

In Rom hieß es von einem, der nichts taugte, er könne weder lesen noch schwimmen. Damals konnte das nämlich fast jeder. Die vornehmen Römer gingen oft mehrmals am Tag in die Thermen. Das waren nicht einfach Schwimmbäder. Es gab dort Becken mit kaltem, lauwarmem und heißem Wasser, daneben lagen Warmlufträume, Schwitzbäder und Massageräume. In den Thermen waren auch Räume vorhanden, in denen man Schach oder mit Würfeln spielen konnte. Und es gab sogar Büchereien und Lesesäle. Die Caracalla-Thermen faßten rund 3000 Badende. Vor dem Niedergang der Stadt hatte Rom über 850 solche private Badeanstalten und 1352 öffentliche Schwimmbäder!

**Der Untergang Roms**

Im fünften Jahrhundert wurde die Stadt mehrfach von fremden Völkerscharen erobert und verwüstet. Am schlimmsten trieben es die Wandalen, die die Stadt plünderten. Daher stammt noch unser Sprichwort: »Sie hausten wie die Wandalen«. Im frühen Mittelalter war Rom dann ein riesiges verlassenes Dorf – zeitweilig mit weniger als 1000 Einwohnern. Erst die Päpste machten die Stadt wieder zum Mittelpunkt der Welt.

*2000 Jahre Geschichte in Rom.*

*Ob sie wohl auch Münzen in den Brunnen werfen?*

*Vom Vatikan aus: Rom und der Tiber.*

**Der Brunnen und die Treppe**

In Rom gibt es so viele herrliche Bauwerke, daß du in einem Monat nicht alle sehen kannst. Du wirst dir natürlich das Forum Romanum anschauen, das Kolosseum und den Circus Maximus. Vielleicht gehst du auch zur »Spanischen Treppe«, die zur »Kirche der Heiligen Dreieinigkeit auf dem Berg« führt. Sie ist mitten in der Stadt. Hier treffen sich alle jungen Leute aus der ganzen Welt, die nach Rom kommen. Jeder Fremde besucht auch die »Fontana di Trevi«, einen berühmten Brunnen, in den man über den Rücken eine Münze hineinwirft. Es heißt, daß man dann bestimmt wieder nach Rom zurückkehren wird.

*Auf der »Spanischen Treppe« treffen sich alle Romreisenden.*

# Ein Besuch beim Papst
## *Una visita dal papa*

Wenn man es genau nimmt, steht der Petersdom weder in Rom noch in Italien. Er bildet nämlich zusammen mit dem Petersplatz, dem Vatikanspalast und den päpstlichen Gärten die Vatikanstadt. Und die ist mit einer Fläche von 0,44 qkm der kleinste Staat der Welt. Man kann mit etwa 3000 Schritten den ganzen Staat umrunden; das dauert nicht einmal eine halbe Stunde.

»Herrscher« in diesem »Staat« ist der Papst, das Oberhaupt der katholischen Kirche. Für die Katholiken ist der Papst der Stellvertreter Christi auf Erden und Nachfolger des Apostels Petrus. Der Papst wohnt im riesigen Vatikanspalast, der über 1400 Zimmer hat. Natürlich bewohnt er nicht alle Zimmer. Im Vatikanspalast ist auch ein Teil der Verwaltung der katholischen Kirche untergebracht, und die meisten Räume sind voll von Büchern und Kunstgegenständen. Der Vatikanspalast ist nämlich eines der größten Museen der Welt. Hier gibt es Werke berühmter Künstler, die von der Kirche in Jahrhunderten zusammengetragen wurden.

### Die größte Kirche der Welt

Die meisten Menschen kommen natürlich hierher, um den Petersdom zu bestaunen. Der Petersdom ist die größte Kirche der Welt. Er ist innen 186 Meter lang; Zehntausende haben darin Platz! Die Kuppel ist innen fast 120 Meter hoch, etwa so hoch wie ein 35stöckiges Haus. Sie erhebt sich genau über dem Grab des hl. Petrus. Man kann sich das überhaupt nicht vorstellen, wenn man es nicht selbst gesehen hat. Oben führen um die Kuppel Galerien herum, auf die man hinaufsteigen kann.

Auf dem Fußboden des Petersdomes sind die Grundrisse der anderen riesigen Kirchen der Welt aufgezeichnet. Jede hätte in diesem gewaltigen Dom Platz, auch der Dom von Mailand und der Dom von Florenz.

### Die Papstwahl

Wer die Vatikanstadt besucht, sollte auch die Sixtinische Kapelle anschauen. Sie befindet sich im Papstpalast; die Decke hat Michelangelo ausgemalt. Aus diesem Deckengemälde stammt

*Nur Schweizer dürfen als Gardisten vor dem Papstpalast Wache halten.*

*Auf dem Petersplatz versammeln sich oft Zehntausende von Menschen.*

das berühmte Bild von der Erschaffung Adams. Die Sixtinische Kapelle spielt bei der Wahl des Papstes eine große Rolle. In ihr versammeln sich die höchsten Bischöfe, die Kardinäle, aus allen Teilen der Welt, wenn ein Papst gestorben ist und ein neuer gewählt wird. Auf dem Petersplatz drängen sich währenddessen Zehntausende von Menschen und warten gespannt auf den Ausgang der Wahl. Mindestens zwei Drittel der Kardinäle müssen der Wahl eines neuen Papstes zustimmen. Kommt diese Mehrheit nicht zustande, dann werden die Wahlzettel zusammen mit feuchtem Stroh verbrannt, und dichter schwarzer Rauch zieht aus dem Kamin der Sixtinischen Kapelle. Ist dagegen ein neuer Papst gewählt, dann werden die Wahlzettel allein verbrannt, und der Rauch aus dem Kamin ist hell.

**Der kleinste Staat und die älteste Republik**

Der Vatikan ist zwar der kleinste Staat der Welt, aber nicht der einzige Zwergstaat in Italien. 30 Kilometer südlich von Rimini, dem berühmten Badeort an der Adria, liegt San Marino. Auch San Marino ist ein eigener Staat, mit 61 qkm gegenüber dem Vatikan ein wahrer Riese. Der Vatikan hat etwa 1000 Einwohner, San Marino 20mal so viel. Beide Staaten haben eine eigene Post und eigene Briefmarken. Jedes Jahr geben sie sehr schöne Serien heraus, die von Briefmarkensammlern in aller Welt begehrt sind. Das bringt Geld in die Staatskasse. Der Vatikan und San Marino prägen auch eigenes Geld. Aber natürlich nehmen sie auch die italienische Lira in Zahlung.

# Vom Edelmann zum Bettler
## *Dal nobile al mendicante*

Vor etwa 800 Jahren lebte in der Stadt Assisi ein reicher, geschäftstüchtiger Tuchhändler mit Namen Pietro Bernardone. Er hatte einen Sohn, den er Giovanni (:dschowanni) nannte. Uns allen ist er unter dem Namen Franziskus bekannt. Franziskus liebte Feste und schöne Kleider. Er aß gern, trank oft zuviel und gab das Geld seines Vaters mit vollen Händen aus.

Als Assisi im Jahre 1201 mit der Hauptstadt Umbriens, Perugia (:perudscha), Krieg führte, mußte auch Franziskus als Soldat dienen. Er wurde bald gefangengenommen und verbrachte ein ganzes Jahr im Kerker bei Wasser und Brot. Dort hatte er sehr viel Zeit zum Nachdenken, und er beschloß sein Leben zu ändern, wußte aber nicht wie.

Als Franziskus einmal in eine halbzerfallene Kirche trat, um vor einem Bild des gekreuzigten Heilands zu beten, hörte er plötzlich Jesus sprechen: »Franziskus, siehst du nicht, daß mein Haus zerstört ist? Baue es auf!« Sogleich machte sich Franziskus daran, diese und andere zerstörte Kirchen in der Umgebung wiederherzustellen. Er kümmerte sich auch um Aussätzige, die wegen ihrer ansteckenden Krankheit von jeder menschlichen Gemeinschaft ausgeschlossen waren und außerhalb der Siedlungen ein erbärmliches Leben führten. So war aus dem lustigen jungen Mann ein Armenbruder geworden, ein *poverello,* der in Höhlen hauste und Hunger und Kälte auf sich nahm.

### Franziskus findet Freunde

Nach einigen Jahren des Bettlerdaseins hatte sich der Ruf des Franziskus weit herumgesprochen. Bald schlossen sich ihm Gefährten an, die die Armut mit ihm teilen wollten. Es entstand eine Gemeinschaft, ein Orden, den es heute noch gibt: die Franziskaner.

*Das Kloster des hl. Franziskus – ob er das wohl so riesig gewollt hätte?*

Franziskus liebte auch die Pflanzen und Tiere. Er betrachtete sie als seine Brüder, denn alle Lebewesen waren für ihn Geschöpfe Gottes. Als er einmal über ein Feld ging, sah er eine große Schar Vögel. Er grüßte sie und sprach zu ihnen: »Meine Brüder Vögel, ihr müßt Gott loben und ihn sehr lieben. Ihr sät nicht und ihr erntet nicht, und doch braucht ihr euch um nichts zu kümmern.« Die Legende erzählt weiter, daß die Vögel aufmerksam zuhörten und die Hälse reckten, um ja kein Wort zu verlieren. Zwanzig Jahre nach seiner Bekehrung, im Jahr 1226, starb Franz von Assisi, und alle Glocken sollen bei seinem Tod von selbst geläutet haben.

**Die Stadt des Heiligen**

Die rund 25000 Einwohner von Assisi leben heute fast alle vom hl. Franziskus. Denn seine Stadt zieht viele Wallfahrer und kunstverständige Menschen an. Schon kurz nach seinem Tod hat man ihm zu Ehren eine große Kirche erbaut. Im Laufe des 13. Jahrhunderts kamen berühmte Maler nach Assisi und schmückten sie mit großartigen Gemälden aus. In der Stadt und ihrer Umgebung gibt es noch weitere franziskanische Heiligtümer wie die Einsiedelei, in die sich Franziskus oft zurückzog. Das Kreuz, das zu ihm sprach, ist heute in der Basilika der hl. Klara, der Santa Chiara, zu besichtigen.

# Die letzten Tage von Pompeji
*Gli ultimi giorni di Pompei*

Es war an einem heißen Sommertag, dem 24. August im Jahre 79. Die Menschen in der kleinen Stadt am Fuße des Vesuv gingen ihren Geschäften nach. Die Handwerker arbeiteten, die Straßenhändler priesen ihre Waren an, und die vornehmen und reichen Bürger saßen in ihren kühlen Häusern oder besuchten eine der drei Badeanstalten der Stadt.

Doch plötzlich geschah etwas höchst Merkwürdiges: Über dem Vulkan erschien eine Wolke, pilzförmig wie eine Pinie. Sie stand genau über dem Krater des Vesuv und war einmal weiß und einmal dunkel. Die Menschen liefen zusammen und beobachteten ängstlich das Schauspiel. Noch dachte niemand an Flucht. Da verfinsterte sich der Himmel über Pompeji, und es brach die Hölle los. Der Berg spie Feuer und Rauch, glühende Asche und heißes Gestein flogen aus dem Schlund. Der Stein- und Aschenregen prasselte auf die Stadt hernieder. Die Menschen schrien und stürzten in ihre Häuser. Manche hielten sich Kissen oder Steine über den Kopf und versuchten unter dem heißen Aschenregen hindurchzulaufen. Andere rannten zum Hafen, um in Booten über das aufgewühlte, tosende Meer zu entkommen. Für viele gab es jedoch keine Rettung. Sie wurden von Steinen getroffen, stürzten und blieben liegen. Die heiße Asche deckte

sie zu. Viele erstickten auch in ihren Häusern an den giftigen Schwefeldämpfen. Gleichzeitig mit dem Vulkanausbruch erbebte die Erde. Häuser, Tempel, Theater und andere Bauwerke stürzten ein und begruben die Menschen unter sich.
Straßen und Häuser waren bald kniehoch mit Asche und Schutt bedeckt. Nach sechs Stunden lag die Ascheschicht schon drei Meter hoch.
Zwei Tage und drei Nächte dauerte dieser heftigste Ausbruch des Vesuvs. Glühende Lava quoll über den Kraterrand. Sie wälzte sich den Berghang hinab, hinunter auf *Herculaneum,* die andere Stadt am Fuße des Vulkans. Der heiße Brei deckte sie vollständig zu.

*Der Krater des Vesuv spuckt heute keine Lava mehr aus. Deshalb wagen sich auch weniger Mutige an seinen Rand, um ein Erinnerungsfoto zu machen.*

### Ein Ausflug in die Vergangenheit

Pompeji hatte damals etwa 20000 Einwohner. Mindestens 2000 sind bei dem Vulkanausbruch ums Leben gekommen. Die Stadt wurde nie mehr aufgebaut, und der Wind wehte sie mit der Zeit restlos zu. Ein paar Jahrhunderte später wußte niemand mehr genau, wo die schreckliche Katastrophe eigentlich stattgefunden hatte. Wäre nicht der römische Schriftsteller Plinius gewesen, der den Ausbruch miterlebt und beschrieben hatte, man hätte Pompeji wohl gänzlich vergessen. So aber begannen die Altertumsforscher 1748 mit den ersten Ausgrabungen, und bis heute ist der größte Teil der alten Römerstadt freigelegt worden.
Man kann zwischen den Ruinen spazie-

*Bei Ausgrabungen in Pompeji und Herculaneum stößt man immer wieder auf Opfer des Vesuv.*

*Pompeji – die ausgegrabene Stadt – ist ein wichtiges Zeugnis der Römerzeit.*

ren gehen und fühlt sich um 2000 Jahre in die Vergangenheit zurückversetzt. Da stehen noch die Reste der Kaufläden und die Gemäuer der prächtigen Villen. In den Bäckereien fand man die Brote, die gerade gebacken worden waren. Sie sind uns versteinert erhalten. Man entdeckte eine Mühle und ein Wirtshaus und legte die Zimmer in den Häusern frei. Die Mauern und Wände in den Straßen tragen Inschriften und Kritzeleien, so wie heute oft die Wände beschmiert werden, natürlich auf Lateinisch. Da stehen Namen und Sprüche, zum Beispiel »Cornelio, suspendere!« – »Häng dich auf, Cornelius!« und anderes, noch weniger Anständiges.

Man hat auch viele Gebrauchsgegenstände gefunden, Geschirr und Küchengeräte, Schreibzeug und Toilettengegenstände, Werkzeuge und Musikinstrumente. Vieles davon befindet sich im Nationalmuseum in Neapel, einiges ist auch in Pompeji ausgestellt. Wertvolle Dinge haben die Überlebenden von Pompeji wohl selbst ausgegraben. Nur in Herculaneum fand man auch kostbarere Sachen. Diese Stadt liegt unter einer Lavaschicht, die stellenweise 20 Meter dick ist.

Die grauenhaftesten Funde aber sind die Toten. Man hat Skelette ausgegraben und die Hohlräume freigelegt, die Menschen und Tiere in der glühenden Asche hinterlassen haben. Diese Hohlräume wurden mit Gips ausgegossen, und so sind die Gestalten wieder sichtbar geworden. An den Gipsabdrücken kann man erkennen, wie die Menschen vom Tod überrascht wurden.

# Mein schönes Neapel
## *La mia bella Napoli*

»Neapel sehen und sterben!« sagt ein berühmtes Sprichwort. Die Schönheit der Stadt und ihre Lage am herrlichen Golf von Neapel bringt einen zwar nicht gleich um, aber manchen doch um den Verstand. Dabei hat *Napoli* keine so prunkvollen Paläste wie Rom oder Florenz. Es ist auch nicht so romantisch wie Venedig. Erst 1980 hat ein Erdbeben viele Gebäude zerstört, die noch nicht wieder aufgebaut sind. Doch für einen Neapolitaner ist seine Stadt der schönste Platz auf der Welt. Er stirbt vielleicht doch, wenn er sie lange nicht sieht.

Neapel ist die italienischste Stadt in Italien und vielleicht die verrückteste von ganz Europa. Man weiß nicht einmal genau, ob sie zwei oder drei Millionen Einwohner hat. Auf jeden Fall ist sie die drittgrößte Stadt Italiens und hat nach Genua den größten Hafen. Man kann die Menschen in Neapel schlecht zählen. Viele sind nicht gemeldet; häufig wohnen mehr als zehn Personen in einem Zimmer. Schon die Kinder müssen Geld verdienen. Viele besuchen deshalb keine Schule und lernen nie richtig lesen und schreiben. Da ihre Arbeitskraft billig ist, werden sie den Erwachsenen oft vorgezogen. Wegen der großen Armut »arbeiten« viele auch als Diebe und Gauner, und das Verbrechertum nimmt zu. Die kleinen Diebe haben es meist auf die Handtaschen der Touristen abgesehen, die großen befassen sich mit Autodiebstahl und Schmuggel. Doch die Liebenswürdigkeit der Neapolitaner zieht die Fremden seit Jahrhunderten immer wieder an.

### Die Altstadt als Wohnzimmer

Die Neapolitaner leben mehr auf der Straße als in ihren meist gelb gestrichenen Häusern. Sie sitzen in der Altstadt mitten auf den Gehsteigen unter tropfnasser Wäsche, die überall quer über die Gassen gespannt ist. Sie unterhalten sich lautstark und ungestört vom tosenden Autoverkehr, der in Neapel unbeschreiblich ist. Sie lieben den Lärm und das aufgeregte Treiben um sich herum. Besonders gern schauen sie anderen bei der Arbeit zu. Neapolitaner sind zwar nicht faul, arbeiten heißt bei ihnen *faticare,* schuften. Viel schöner

*Auf Neapels Straßen wird gefahren, gelaufen, gesessen, gekocht, geschrien …*

finden sie *festeggiare* (:festedschare), feiern. Und das können sie wie niemand sonst!

*Fast so berühmt wie die »Blaue Grotte« sind die drei Klippen, die »Faraglioni«, vor der Insel Capri.*

## Gesang und Fußball

Am schönsten ist die *Festa di Piedigrotta,* das Fest zu Ehren der Muttergottes. Es findet jedes Jahr Anfang September statt, und ganz Neapel ist dann auf den Beinen. Alle beteiligen sich an den Umzügen und an den Sängerwettstreiten, denn nirgends wird mehr gesungen als in Neapel. Zum Schluß gibt es ein riesiges Feuerwerk, und das ist natürlich das größte von ganz Italien!
Bedeutender als alle Feste ist nur noch der Tag, an dem der FC Napoli um die Meisterschaft kämpft. Wenn der Verein verliert, gerät ein Neapolitaner so in Wut, daß er die Stadt verlassen möchte – und dann bleibt er doch da!

**Capri**

liegt im Golf von Neapel. Mit 6 Kilometer Länge und 2 Kilometer Breite gehört die Insel zu den kleinsten Italiens. Capri war schon immer das Eiland der Reichen und Vornehmen. Viele kamen wegen der Sonnenuntergänge, die den Golf von Neapel bei Capri blutrot färben. Als der römische Kaiser Tiberius genug vom Regieren hatte, ließ er sich hier einen Palast erbauen. Später lebten auf Capri weltberühmte Künstler.
Heute kommen täglich Tausende von Touristen wegen der »Blauen Grotte«, einer engen Höhle, in der sich das Meerwasser hellblau färbt.

# Schafe und Banditen
*Pecore e banditi*

Einen Bewohner Sardiniens als Italiener zu bezeichnen, ist für diesen fast schon eine Beleidigung. Die Sarden lieben ihre Unabhängigkeit, und an die Regierung in Rom werden sie nicht gern erinnert. Schließlich ist ihre Insel mehr als 100 Kilometer vom italienischen Stiefel entfernt. Die Hauptstadt Cagliari (:kaljari) ist Afrika sogar näher als Europa. In Sardinien ist vieles anders als in Italien. Die Menschen sprechen noch eine Sprache, die fast wie das Lateinische klingt, und die man nicht als Italienisch bezeichnen kann. Auch die Landschaft ist in Sardinien eigenartig, vor allem steinig. Die Sarden sagen, Gott habe ihre Insel erst am sechsten Tag der Schöpfung geschaffen, als ihm nur noch ein paar Steine übrig geblieben seien.

## In den wilden Bergen

»Barbaria« nannten die Römer das Innere Sardiniens, das sie so wenig wie andere Völker erobern konnten, das Land der Wilden. Hier weiden die sardischen Hirten ihre Schafe. Auf Sardinien gibt es über 2 Millionen Schafe, mehr als in ganz Italien. Viele gehören Großgrundbesitzern. Die Hirten sind harte Burschen, die bei Wind und Wetter im Freien schlafen. Wer eine eigene Herde besitzt, gehört schon zu den Wohlhabenden. Die Hirten leben nur von ihren Schafen. Sie melken die Tiere und trinken die Schafsmilch oder machen einen berühmten Käse daraus. Sie scheren sie und verkaufen die Wolle. Und sie schlachten die Schafe. Aus den Fellen machen sie ihre Kleider und Schuhe. Oft müssen schon zehn-, zwölfjährige Buben als Hirten ihr Geld verdienen. Zeit für die Schule haben sie nicht.

*Alle zehn Jahre werden Korkeichen geschält.*

## Sarden haben eigene Gesetze

Da der einfache Mann in Sardinien selten zu seinem Recht kam, versuchten die Hirten, selbst Gerechtigkeit zu schaffen. Oft stahlen sie die Schafe der Großgrundbesitzer, von denen sie ausgebeutet wurden. Dieser Viehdiebstahl, die *fura de masones,* ist heute noch üblich. Für die Sarden ist es kein Verbrechen. Sie haben ihre eigenen Gesetze. Dazu gehörte auch die *venga,* die Blutrache. Wer die Ehre eines Sarden verletzte, war ihr verfallen. In dem

*Die Nuragen, die Wohntürme, stammen aus der Bronze- und Eisenzeit.*

berüchtigten Dorf Orgosolo schrieben die Mörder früher die Namen der nächsten Opfer nachts an die Kirchentür. Heute bewachen italienische Carabinieri die Bergstraßen in Sardinien. Aber Banditen gibt es immer noch.

## »Bienenkörbe« aus Stein

Wer über die Insel fährt, begegnet fast überall den bienenkorbähnlichen, bis zu 16 Meter hohen Bauten aus gewaltigen Steinen. Ungefähr 4000 solcher *Nuragen* oder *Nuraghi* stehen auf der Insel. Sie wurden vor zwei- oder dreitausend Jahren von Menschen errichtet, die damals auf Sardinien siedelten. Als die Römer die Insel zu erobern versuchten, verschanzten sich die Sarden in diesen Gemäuern und leisteten erbitterten Widerstand.

# Die Vulkaninsel
## *L'ìsola del Vulcano*

Sizilien, auf italienisch *Sicilia* (:sitschilja) ist die größte Insel im Mittelmeer. Sie liegt ganz unten an der Spitze des italienischen Stiefels. Die Sizilianer sagen, daß ihre Insel sich vom Stiefel entfernt habe, weil sie den Geruch von Füßen nicht mochte. Sie meinen damit, daß sie sich aus den Italienern auf dem Festland nicht viel machen. Sie bleiben lieber unter sich und leben auf sizilianische Weise.

Nach Sizilien kommt man nur mit dem Schiff oder dem Flugzeug. Die Überfahrt von der südlichsten Spitze Italiens dauert nicht lange, denn allzuweit hat sich die Insel vom Festland auch wieder nicht entfernt. Es gibt Fährschiffe, die ganze Eisenbahnzüge und dazu noch ein paar Dutzend Autos aufnehmen können. Die Schiffe legen gewöhnlich in Messina an. Sie ist mit 250000 Einwohnern die drittgrößte Stadt Siziliens nach der Hauptstadt Palermo und Catania. Obwohl Messina schon vor über 2000 Jahren von den Griechen gegründet wurde, ist es eine moderne Stadt. Sie wurde mehrmals durch Erdbeben zerstört und immer wieder aufgebaut, zuletzt im Jahre 1908.

### Auf heißem Boden

Erdbeben und Vulkanausbrüche hängen zusammen. In Sizilien gibt es den größten Vulkan Europas, den Ätna oder *Etna,* wie die Italiener sagen. Da er immer wieder einmal ausbricht, ändert er seine Höhe ständig. Man weiß deshalb nicht genau, wie hoch er wirklich ist, über 3300 Meter auf jeden Fall. Zuletzt flossen 1983 rotglühende Lavamassen über seine Hänge hinab.

Man hat einen Kanal gegraben, um den vernichtenden Brei von einer Ortschaft abzuleiten. Die Vulkanerde ist sehr fruchtbar. Das sieht man an den herrlichen Orangen und Zitronen, den Oliven und Weintrauben,die rings um den Berg wachsen.

Der Gipfel des Ätna ist fast das ganze Jahr über mit Schnee bedeckt. Im Winter liegt Schnee auch auf den Hängen und lädt zum Skifahren ein. Tatsächlich finden hier manchmal sogar Skirennen statt.

*Der Riese »Il Gigante« hat in Agrigent wohl einmal das Gebälk eines griechischen Tempels getragen. Er war fast acht Meter lang.*

*Der schneebedeckte Ätna ist das Wahrzeichen Siziliens.*

## Die Griechen und die Araber

Sizilien wurde im Laufe seiner Geschichte von vielen Völkern begehrt, erobert und bewohnt. Im Altertum war es griechisch. Davon zeugen die Tempel und Amphitheater von Segesta (:sedschesta), Agrigento (:agridschento), Selinunte und Siracusa. Nach den Griechen kamen die Römer, die ebenfalls viele Bauwerke hinterließen. An die Araber, die im Mittelalter über Sizilien herrschten, erinnert noch vieles, nicht nur das Speiseeis, das sie mitgebracht haben. Der Ort Marsala im Westen der Insel, der für seinen dunklen, schweren Wein weltberühmt ist, heißt eigentlich »Marsah – al – Allah«, »Hafen Gottes«. Vor allem in der Hauptstadt Palermo sind noch manche alte Kirchen im arabischen Stil gebaut. Die Araber oder Sarazenen wurden erstmals von Karl dem Großen vertrieben. Die Geschichte dieser Kämpfe wird heute noch mit den *pupazzi,* aufgeführt.

*Die Pupazzi sind besonders kunstvolle alte Marionetten.*

# Übersetzung und Erklärung der Sprechblasen

S. 7 Parli italiano? = Sprichst du italienisch?
Nein, nur ganz wenig. = No, pochissimo.

S. 14 Cinque = Fünf

S. 19 Was kostet eine? = Quanto costa una?
Cinque mila lira. = Fünftausend Lire.

S. 23 Ti è piaciuto? = Hat es geschmeckt?
Danke, es war sehr gut. = Grazie, era molto buono.

S. 25 Ißt man Spaghetti denn mit dem Löffel? = Ma gli spaghetti si mangiano con cucchiaio?
Io, si! = Ich schon!

S. 26 Ist das auch echtes Leder? = E vero cuoio?
Si, vero cuoio, naturalmente. = Aber natürlich, echtes Leder.

S. 30 Che classe fai? = In welche Klasse gehst du?
In die vierte. = La quarta.

S. 42 Wo geht es hier nach Bozen? = Da che parte si va per Bolzano?
Sempre diritto. = Immer geradeaus.
In Südtirol wird italienisch, deutsch und ladinisch gesprochen. »Immer geradeaus« heißt auf ladinisch »tres adata fora«.

S. 59 Vuoi andare in gondola? = Willst du mit der Gondel fahren?
Nein, lieber mit dem Vaporetto. = No, preferisco il vaporetto.

S. 69 Quanto hosta? = Was kostet das?
»Hosta« statt »costa« sagen viele Toskaner, ebenso wie »hasa« statt »casa« (Haus). Das Toskanische gilt als vornehmes Italienisch, wenn es auch seine Eigenheiten hat.

S. 91 Est unu minoreddeddeddu = Das ist ein klitzekleines Liebes.
Das ist sardisch, nicht italienisch. »Was ist das?« – heißt auf sardisch »Itte est cussu?«

# Register

## Die Autokennzeichen von Italien

| | | | | | |
|---|---|---|---|---|---|
| AG | AGRIGENTO | FR | FROSINONE | PT | PISTOIA |
| AL | ALESSANDRIA | GE | GENOVA | PN | PORDENONE |
| AN | ANCONA | GO | GORIZIA | PZ | POTENZA |
| AO | AOSTA | GR | GROSSETO | RG | RAGUSA |
| AR | AREZZO | IM | IMPERIA | RA | RAVENNA |
| AP | ASCOLI PICENO | IS | ISERNIA | RC | REGGIO CALABRIA |
| AT | ASTI | AQ | L'AQUILA | RE | REGGIO EMILIA |
| AV | AVELLINO | SP | LA SPEZIA | RI | RIETI |
| BA | BARI | LT | LATINA | ROMA | ROMA |
| BL | BELLUNO | LE | LECCE | RO | ROVIGO |
| BN | BENEVENTO | LI | LIVORNO | SA | SALERNO |
| BG | BERGAMO | LU | LUCCA | SS | SASSARI |
| BO | BOLOGNA | MC | MACERATA | SV | SAVONA |
| BZ | BOLZANO | MN | MANTOVA | SI | SIENA |
| BS | BRESCIA | MS | MASSA | SR | SIRACUSA |
| BR | BRINDISI | MT | MATERA | SO | SONDRIO |
| CA | CAGLIARI | ME | MESSINA | TA | TARANTO |
| CL | CALTANISSETTA | MI | MILANO | TE | TERAMO |
| CB | CAMPOBASSO | MO | MODENA | TR | TERNI |
| CE | CASERTA | NA | NAPOLI | TO | TORINO |
| CT | CATANIA | NO | NOVARA | TP | TRAPANI |
| CZ | CATANZARO | NU | NUORO | TN | TRENTO |
| CH | CHIETI | OR | ORISTANO | TV | TREVISO |
| CO | COMO | PD | PADOVA | TS | TRIESTE |
| CS | COSENZA | PA | PALERMO | UD | UDINE |
| CR | CREMONA | PR | PARMA | VA | VARESE |
| CN | CUNEO | PV | PAVIA | VE | VENEZIA |
| EN | ENNA | PG | PERUGIA | VC | VERCELLI |
| FE | FERRARA | PS | PESARO | VR | VERONA |
| FI | FIRENZE | PE | PESCARA | VI | VICENZA |
| FG | FOGGIA | PC | PIACENZA | VT | VITERBO |
| FO | FORLI | PI | PISA | | |

## Bildnachweis

Azienda Autonoma di Soggiorno, Malcesine: 49. Azienda Autonoma di Soggiorno, Portoferrario: 65. Ander, Leonore, München: 21 (o.). Bavaria-Verlag, Gauting: 19, 21 (u.), 35, 36, 38, 39 (o. und u.), 44, 45, (u.), 54, 55 (u.), 58 (o. und u.), 66, 67 (u.), 77, 78 (o.), 79 (o.), 80, 88, 89, 91, 93 (o. und u.). Dell'Orto, Piero, Milano: 7, 15 (o.), 18, 28, 29 (li. und re.), 51 (o.), 58 (o. und u.). Ente Provinciale di Turismo, Genova: 61. Ente Provinciale di Turismo, Torino: 50. Gerd Plessl Agency/McBride, München: 15 (u.), 20, 73. Gruhl, Hermann J., Albstadt: 40, 64. Mitschke, D., München: 68, 92. Staatliches Italienisches Fremdenverkehrsamt E.N.I.T., München: 4, 5 (o. und u.), 27, 45 (o.), 47 (Foto), 56, 59, 60, 70, 72 (li. und re.), 74, 87. Süddeutscher Verlag-Bilderdienst, München: 46, 55 (o.), 67 (o.), 78 (u.), 79 (u.), 82, 86 (o. und u.), 90. Szel, J., Tutzing: 57 (o.), 81. Thiel, F., München: 57 (u.), 71 (Foto). Würmli, M., Tutzing: 51 (u.). Würmli, A., Riehen/Schweiz: 69 (li. und re.).